加强和创新社会管理
18个经典案例

JIAQIANGHECHUANGXINSHEHUIGUANLI
>>>>> SHIBAGEJINGDIANANLI

向春玲等 编著

中共中央党校出版社
The Central Party School Publishing House

图书在版编目（CIP）数据

加强和创新社会管理18个经典案例/向春玲等编著．北京：中共中央党校出版社，2011.12（2012.4重印）
ISBN 978-7-5035-4627-3

Ⅰ．加…　Ⅱ．向…　Ⅲ．社会管理－案例－汇编－中国　Ⅳ．D63

中国版本图书馆CIP数据核字（2011）第204222号

加强和创新社会管理18个经典案例

责任编辑　王　君　蔡锐华
版式设计　李　灵
责任校对　高　鹏
责任印制　宋二顺

出版发行　中共中央党校出版社
（北京市海淀区大有庄100号）
邮　编　100091
网　址　www.dxcbs.net
电　话　(010) 62805800（**办公室**）　(010) 62805818（**发行部**）
经　销　新华书店
印　刷　北京鑫海金澳胶印有限公司
字　数　190千字
版　次　2011年12月第1版　2012年4月第2次印刷
开　本　700毫米×1000毫米　1/16
印　张　14.75
定　价　28.00元

目 录

加强和创新社会管理的八个重点工作，其中一个重点工作就是“进一步加强和完善流动人口和特殊人群管理和服务”。其中提到的特殊人群包括对吸毒人员的帮教管理和服务工作。如何做好这些社会管理工作？四川省广元市创新社会管理机制，实现了“党委政府负总责、禁毒综治牵头抓、公安政法打主力、成员单位履职责、社会各界共参与”，打了“十年创建，三年攻坚”的禁毒人民战争，才取得了禁毒工作的好成绩。

2007年以来，成都市锦江区以城乡统筹、“五位一体”科学发展为总体战略，以政府与市场分开、政府与社会分开、市场与社会分开为基本理念，探索建立起了以行政管理与社区自治互动、行政性公共服务与自治性公共服务互补、政府支持与社区资源共享的城市基层治理新模式，并取得了良好的效果。为我国城市治理新模式的形成作出了有益的探索。

随着我国城市化进程的加快，近些年，因为房屋拆迁引起的人民内部矛盾和群体性事件已经成为党和国家社会管理中的突出问题。成都锦江区政府在水井坊旧城改造过程中通过政府推出利益博弈、尊重民意和市场机制做出了有益的探索。

“枫桥经验”产生于上世纪60年代，随着改革的深入，各方面的矛盾和问题开始凸现，个别地区和政府相关部门在处理人民内部矛盾时采取了错误的方法，没有贯彻好党的群众路线，导致矛盾激化，干群关系失调，甚至引发群体性突发事件。这些事件给我们敲响了警钟。对于如何做群众工作，如何正确处理人民内部矛盾的问题，“枫桥经验”无疑是一剂良方。

前　言

改革开放以来，我国经济实力和综合国力显著增强，人民的物质生活得到极大改善。2000年，中国从总体上已经解决温饱问题，进入小康社会。当前，我国处于一个新的历史转折时期：由温饱型社会向发展型社会的转化，这个发展是指社会的全面发展，人的全面发展。随着我国经济社会发展形势的变化，党和国家不断就加强和创新社会管理制定方针政策、作出工作部署，但是，与经济建设和经济体制改革相比，我们的社会管理相对滞后，尤其是我们国家当前面临着体制和结构的双重转型，面临着工业化、市场化、城市化、信息化和全球化在我国同时进行，使得我国经济体制转型加快，社会结构深刻变动、利益格局深刻调整、思想观念深刻变化。当前我国既处于发展的重要战略机遇期，又处于社会矛盾凸显期，社会管理领域存在的问题还不少。我们加强和创新社会管理，以最大限度激发社会活力、最大限度增加和谐因素、最大限度减少不和谐因素为总要求，以解决影响社会和谐稳定突出问题为突破口，提高社会管理科学化水平，不断促进我国社会的和谐稳定。

现代社会的管理模式上主要有政府主导型模式、市场管理模式和社会自治管理模式。不同历史时期的社会管理体制是不同的。改革开放以来，我国经济社会各领域都发生了深刻变化，原有的计划体制下政府统管一切的社会管理方式已经不适应市场经济条件下的社会管理需求。加强和创新社会管理，是我国新时期社会转型的新要求，是当前我国社会管理领域的一场改革。但是，如何改革？如何创新？这需要正确处理发挥传统优势与创新发展的关系。改革开放之后，根据国内外形势的发展变化，我们不断加强和改进社会管理，有力推进了社会管理改革创新。经过长期探索和实践，我国初步形成了党委领导、政府负责、社会协同、公众参与的社会管理格局，也就是政府主导加上社会自治的管理模式，从整体上看，我国社会管理格局与我国国情和社会主义制度总体上是适应的。当前，针对新形势下社会管理的突出问题，我们要完善现有的社会管理体制，在继承的基础上有所创新。

一、强化政府的公共服务职能

我们政府的职能是经济调节、市场监管，社会管理、公共服务。经过32年改革，计划经济体制下政府对经济社会事务管得过多过死的状况已有较大改变，但仍存在“越位、错位、缺位”的问题，要进一步深化行政管理体制改革，形成行为规范、运转协调、公正透明、廉洁高效的行政管理体制。当前，要把社会管理和公共服务的职能放在更加重要的位置，建设服务型政府。

1. **政府要切实转变职能**。要由经济主体型和投资型政府向公共服务型政府转变；由单一的、不全面的发展观向科学的发展观转变；由以GDP衡量政府政绩向将公共服务水平置于重要位置的观点转变。改革开放以来，经济建设是我们的头等重要的任务，我国政府基本上是“经济建设型”政府，主要精力用在了参与或干预微观经济活动而不是公共服务上。全面建设小康社会的历史时期，中央提出政府职能是经济调节、市场监管，社会管理和公共服务。然而这种惯性依然存在，有些地方和部门的政府职能还没有转到公共服务上来。针对这个问题，中央强调，各级政府抓经济发展，主要是为市场主体服务和创造良好发展环境，不能包办企业投资决策，不能代替企业招商引资，不能直接干预企业生产经营活动。

2. **树立服务的理念**。胡锦涛总书记在省部级主要领导干部社会管理以及创新专题研讨班上讲到：社会管理，说到底就是对人的管理和服务，习近平副主席在研讨班结业式上也强调：一切社会管理部门都是为群众服务的部门。我们要正确看待管理和服务的关系，寓管理于服务之中，在管理中体现服务，在服务中实现管理，如果我们通过真心实意为群众办实事、办好事。时时处处、切切实实关心群众生活，满足老百姓各种合理的需要，老百姓对我们的工作满意，这就实现了我们社会管理的目标。

3. **要科学定位政府的社会管理和公共服务职能**。政府和社会组织都是社会管理和公共服务的主体，但是，它们在社会管理中承担着不同的职能，发挥不同的作用。政府的社会管理和公共服务主要是以下几个方面：第一，提供就业服务和基本社会保障等基本民生性服务。第二，提供教育、医疗、公共文化等公共事业性服务。第三，提供环境保护、基础设施建设等公益性基础服务。第四，提供生产安全、消费安全、社会安全等公共安全性服务。对生产安全，企事业单位负有责任，政府也应强化安全服务体系建设和监管职责。而消费、食品和药品安全等都是公共服务体系建设的基础性环节，政府责无旁贷。此外，政府还要动员企业、社会组织参与提供力所能及的公共服务，并对社会其他主体提供的公共服务进行有效的管理和监督。

4. **要建立和健全公共财政体制，加大政府对公共服务的投入**。在现代社会，公共财政是公共体系运行的血液，是政府提供有效公共服务的基础。目前我国的财政支出格局还带有比较浓厚的“建设财政”特点，财政支出被大量用于那些本该由市场发挥作用的领域，经济建设支出过高，公共服务支出偏低。因此，要发挥政府在公共服务中的主体作用，必须深化财政体制改革，加快公共财政建设步伐，加大财政支出中用于教育、卫生、就业、社会保障、环境保护、基础设施建设等社会公共服务项目的比重；进一步明确中央和地方的事权，健全财力与事权相匹配的财税体制，建立规范化、法制化的财政转移支付制度。

5. **积极推进公共服务方式的创新**。第一，这种创新体现在公共服务对市场机制的利用，通过招投标、合同承包、特许经营等市场机制来调节公共服务的供给和需求，以期解决政府在公共服务领域投入不足、经营不善、效益低下、资源浪费等问题。从而达到降低成本、提高效率的目的。第二，公共服务方式的创新还体现在调动社会力量改善公共服务，鼓励各种社会组织参与公益事业和社会服务，实现公共服务供给主体的多元化和供给方式的多样化，满足社会成员多元化的社会需求。第三，公共服务均等化，即全体社会成员享有基本公共服务的机会均等；全体社会成员享受公共服务的结果大体相等；尊重社会成员是否享受公共服务的选择权。

二、发挥社会组织社会管理的协同作用

现代社会，各类社会组织在社会管理中具有不可替代的作用。随着我国社会转型的加快，社会分化和利益主体多样化的格局已经出现。计划经济那种单一的行政管理模式已不能适应我国社会发展的需要。政府应适应形势的发展，在加快由“全能政府”向“有限政府”转变的同时，要整合社会管理资源，提高社会自治水平。因此，要大力培育发展包括社团、行业组织和社会中介组织、志愿团体等在内的各类社会组织，充分发挥他们提供服务、反映诉求、规范行为的作用，促进社会组织参与社会管理。

胡锦涛总书记在省部级主要领导干部社会管理及其创新专题研讨班上明确指出：引导各类社会组织加强自身建设、增强服务社会能力，支持人民团体参与社会管理和公共服务，发挥群众参与社会管理的基础性作用。因此，首先我们要解放思想，充分认识到社会组织在当前我国经济建设和社会发展中的作用。社会组织有四项职能：服务社会、规范行为、表达诉求、社会监督。社会组织最主要的职能是为社会提供服务，满足社会成员的多种需要。让社会成员各得其所，各得所需。第二，加大培育社会组织的力度，满足人民群众不断增长的物质文化需求。社会组织其业务和类型涉及到方方面面，其活动方式也是复杂多样的，无论是学术性、公益性、还是行业性、专业性的组织，

都有其自身发展的特点，我们应该根据不同类型的组织制定出不同的政策，进行分类指导和管理。目前，要加快行业组织、公益类组织、服务类社会组织和城乡基层社会组织的发展。第三，深化改革，创新社会组织管理新模式。改革双重管理体制。第四，完善相关法律法规，规范社会组织的行为，依法保护社会组织的权益，促进社会组织健康发展。第五，加强社会组织的自我建设和人才队伍建设，提高自身服务社会的能力和公信力。社会组织就是要靠提高自身的公信力赢得社会和公众的认可，靠发挥服务社会的功能提高知名度，扩大自己的影响，具备专业的服务水平，才能积极有效地参与社会管理和公共服务。

三、加强和完善社区建设

随着社会主义市场经济的发展，社会成员逐渐由“单位人”向“社会人”过渡，随着城市化的快速推进，大量的农民工进入城市，原有的组织管理结构被打破，必须有新的组织载体来重新对人们进行整合与管理。事实证明，当一个社会正式组织被弱化的情况下，非正式组织，特别是地下组织就会蔓延。在我国社会转型时期，政府正在由一个无限型政府向有限型政府转变，政府对社会成员的管理和服务有限，因此，社区越来越成为人们生活的主要空间，成为对居民进行社会整合与社会管理的新载体。人们多元化的社会性需求要在社区中得到满足。因此，加强社区建设、开发社区资源，是社会管理创新的重要内容。

1. **加强社区建设要做好社区建设和发展的总体规划**。因为社区建设是一项长期的任务，不可能一蹴而就；社区建设也是一项综合的、系统工程，要不断满足居民多层次、多元化的需求，因此，社区经济、政治、教育、文化、环境、卫生、治安等要协调发展。这就需要制定社区建设的总体规划和发展战略，并将其列入本地区经济社会发展的总体规划之中，避免社区建设的盲目性和无序化，实现社区经济社会的协调发展[①]。

2. **社区组织建设**。社区组织建设是社区建设的重要载体和重要保证。社区组织建设包括社区党组织、社区自治组织和社区中介组织的建设。社区党组织是社区建设的领导核心，社区党建只有围绕社区建设来进行，才能得到社区居民群众的认同，才能发挥基层党组织和共产党员凝聚人心、服务群众的作用，密切党同人民群众的联系，巩固基层政权。加强社区居民委员会自治组织的建设，能够有效实行社区居民自我管理、自我服务、自我教育、自我监督。加强社区中介组织的建设，有利于更好地为社区居民提供公共产品和公共服务，整合社区资源，协调社区关系，培养居民参与意识，增强社区的凝聚力。

3. **社区服务建设**。社区服务是政府公共服务、市场服务、社会保障、社会互助和慈善事业的交织延伸，由政府提供的公共服务、市场提供的商业服务、社区民间中介组织提供的慈善公益服务，共同构成了社区服务的网络体系。让社区成员在社区服务中，各尽其能，各得其所，从而促进人与人、人与社会、人与自然之间的和谐相处。

4. **社区文化建设**。社区文化建设是为了满足社区居民在精神文化生活方面的需求，获得更高质量的社区生活。同时，是要在社区成员中确立共同的价值目标，使全体社区成员发扬参与精神和互助精神，增进对社区的认同感和归属感，共同建设新家园。

5. **社区经济建设**。社区经济是一个新兴的且发展潜力巨大的经济领域，是社区建设的经济支持和物质保障。它是社会发展到一定阶段的产物，是社会进步的标志。通过经济建设，不仅发展了第三产业，为社区居民提供大量的就业岗位，而且不断满足社区居民对社区日益增长的物质和文化的需要，提高社区居民的生活品质，促进了整个社会的稳定、繁荣、和谐和进步，同时，也为社区筹集服务资金、增加社区公益资产、壮大

---

① 高鹏翔：《对社会转型背景下社区建设理论与实践的思考》，《重庆工学院学报》2001年第3期。

社区资本创造了条件。

四、鼓励公众参与社会管理

改革开放以来，随着社会主义市场经济的建立，公民的法制意识、民主意识、维权意识、参与意识不断增强。在中国社会转型中，全能型政府正在向有限性政府转变，如何做到执政为民、科学执政、依法执政、民主执政，公民参与必然成为当代社会管理中不可缺少的环节，《宪法》规定："中华人民共和国的一切权力属于人民。……人民依照法律规定，通过各种途径和形式，管理国家事务，管理经济和文化事业，管理社会事务。"胡锦涛总书记指出："要丰富社会主义基层民主政治的实现形式，适应我国经济社会发展和人民群众参与愿望增强的要求，从基层经济、政治、文化、社会生活等方面，扩大人民群众的有序参与"。①

因此，在当前，凡是有关经济社会发展和人民群众切身利益的重大政策、重大项目等决策事项，不仅仅是要考虑经济效益，还要进行社会稳定风险的评估。要广泛听取、充分吸收各方面意见。把公众参与、专家论证、风险评估、合法性审查和集体讨论决定作为重大决策的必经程序，保证民意能够进入到社会公共政策的制定中去，实现公共决策的科学化、民主化、法治化。另一方面，扩大公民有序政治参与还需要进一步提高公民的政治素质、增强政治责任感。公民只有努力提高自身素质，掌握参与的程度和技巧，熟悉相关法律法规，才能真正广泛有序地参与政治生活和公共服务。

向春玲

2011年9月

① 《胡锦涛强调提高社会主义基层民主政治建设水平》，人民网，2006年12月1日。

北京市政府购买社会组织公共服务

案例提要：当前，我们正在进行由“无限型”政府向“有限型”政府的转变，社会管理新格局要求，社会管理要发挥社会的协同作用。党的十七大提出了“重视社会组织建设和管理”。当政府社会管理和公共服务能力不足时，应该考虑公共服务的社会化问题。社会化就是要以社会需求为导向，调动社会力量改善公共服务，鼓励各种社会组织参与公益事业和社会服务。实现公共服务供给主体的多元化和供给方式的多样化。北京市政府在社会管理和公共服务发挥社会协同作用方面做出了有益的探索。

近些年来，北京市秉着建设公共服务型政府的理念，践行以人为本的根本原则，积极推进基本公共服务体系的健全和完善，改革和创新基本公共服务的供给模式，以需求为导向，向社会组织购买公共服务，满足人民群众多元化、多层次的需求，取得了显著成效。

案例介绍

一、问题的缘起

所谓政府购买公共服务，就是政府不是通过自己运用财政资源运作来完成某些设立的特定的公共服务目标，而是通过各种模式来建立契约关系，由非盈利性组织或盈利组织等其他社会主体来提供原本由政府提供的公共服务，以完成这些公共服务目标，政府对提供公共服务的组织支付相应的资金。[①]

政府购买公共服务在上世纪60年代西方国家遭遇“福利社会的困境”时作为政府改革的一个手段出现，80年代后得到西方各国的广泛认同和接纳。政府购买公共服务不仅降低了政府提供公共服务的成本，提高了政府公共服务的水平，而且提高了政府的运作效率。上个世纪90年代以来，购买公共服务已经取代了传统政府的公共服务政府垄断，成为发达国家和地区政府提高公共服务水平的主要方式。这一改革以新公共服务理论、新公共管理理论等为基础，并进一步拓展和创新了这些理论。

政府购买公共服务已经成为世界各国进行公共治理改革的核心内容。中国在1996年开始政府采购的试点工作，随着1999年《政府采购管理暂行办法》的颁布，试点工作逐步在全国范围内展开。以2003年1月《政府采购法》的实施为标志，政府采购进入规范化、完善化的轨道。在“十一五”期间，公共服务购买这一政府提供公共服务的形式已经成为包括北京、上海、无锡等地的部分地区进行公共服务体制改革的主要思路之一。[②]政府购买公共服务已经成为转变政府职能、建设服务型政府和深化行政管理体制改革的重要措施。

北京市政府向社会组织购买公共服务是北京市社会发展和改革的必然趋势。

第一，改革开放30多年来，我国基本上完成了由“单位人”向“社会人”的身份过渡和转变。在北京，有70%以上的单位、人群和经济贡献在老体制之外的社会领域。[③] 随着由“单位人”向“社会人”这一身份过渡的完成，原有的单位负责体制已经基本解体和失效，在这一过程中，政府也在由大包大揽的“全

① 贾西津、苏明、韩俊魁、孙杰：《中国政府购买公共服务研究终期报告》，2009年6月。

② 虞维华：《政府购买公共服务对非营利组织的冲击分析》，《中共南京市委党校南京市行政学院学报》2006年第4期。

③ 《走向“善治”：北京社会建设的努力》：载《新京报》第A02版“社论：来信”，2010年10月13日。

能政府”向“服务型政府”过渡。与此相应的是政府不再承担一些具体、微观的社会管理和社会服务职能，而需要把这部分职能让渡给社区、社会组织等。如何让渡？如何在政府转移这一部分职能之后为人民群众提供优质、高效的公共服务？这向北京市社会建设和社会管理的健康、快速发展提出了挑战。

第二，北京市作为国家的政治、文化中心，经济发达，城市发展迅速，吸引了越来越多的人到北京就业、生活等，导致了北京的流动人口数量不断增多。2005 年底，北京市流动人口数量为 357.3 万人，到 2007 年 12 月底，流动人口数量达到 419.7 万人。[①] 此外，随着城市化进程的不断推进，给北京市城市规模的扩张和发展都带来了许多问题。政府作为宏观管理者，向社会组织购买公共服务来缓解城市发展带来的社会管理的压力，不啻为一剂良方。

第三，政府包办大量的公共服务往往存在着针对性不强、效率低下的问题。由于政府部门的垄断性，往往导致社会公共服务千篇一律、千人一面，难以满足人民群众日益增长的对社会公共服务需求的差异性。而且政府这样一个庞大的机构操办大量的社会公共服务，通常会造成财政资金的紧张和不足。因此，北京市政府向社会组织购买公共服务不但有利于提高公共服务的质量，减轻政府的财政负担，降低政府运作成本，还可以增加政府公共服务的灵活性，提高政府的工作效率。

第四，国务院发展研究中心、中国社科院《中国公共服务发展报告 2006》认为，目前我国公共服务呈现“总体水平偏低、发展不平衡、效率低、水平趋同”的基本特征，公共服务的增长速度相对于总体财政支出增长速度偏低，供给数量和质量滞后于公众的现实需求，发展速度相对于整体经济增长速度偏低。[②] 这一现象是政府长期大包大揽社会事务的结果，为了改变

---

① 朱富言、李东：《北京市流动人口数量变动趋势分析》，载《西北人口》2008 年第 4 期第 29 卷。

② 《政府购买服务：公共服务提供的必然选择》：北京社会建设网，2010 年 3 月 26 日。

这一现状，必然要求公共服务的社会化发展。

实现公共服务社会化是北京市政府近年来推进社会建设的重要举措，这一做法符合时代潮流。

二、主要做法

北京市在较早之前就开始了公共服务社会化的探索和试点工作。2003年1月《政府采购法》实施以后，北京市政府向民间组织购买公共服务的探索进一步增多，形式也日益多样化，涉及的领域也逐渐在拓展。

2004年9月，北京市司法系统面向社会进行社区矫正心理服务招标工作。12月份，惠泽人咨询服务中心竞标成功。东城区司法局以年付15～20万元的价格购买惠泽人咨询服务中心的社区心理矫正服务。

同年年底，北京市经过充分调研，在全国率先启动了生态林补偿机制。这一机制可以看做是北京市政府探索公共服务社会化的一个尝试。与以往的政府在城镇地区采用向社会组织购买公共服务的管理模式不同，这一生态林补偿机制是公共服务社会化在农村地区发展、惠及农民的有益探索。根据这一机制，北京市共有4.6万农民“受聘”于政府，走上护林员岗位，对全市1011万亩山区集体生态林进行管护。①

2005年，在医疗改革这一背景下，北京市海淀区22家医疗机构与卫生局脱钩，归“公共服务委员会”管辖。政府购买公共医疗服务引起了广大市民的广泛关注。按照海淀区的要求，海淀区卫生局所辖属的22家医疗卫生机构从7月18日起归新成立的海淀区公共服务委员会管辖。新成立的公共服务委员会将作为政府购买公共卫生服务的代表，通过招标、民办公助、合同外包等形式，向医疗机构购买服务。如此一来，在竞争压力和资金支持的双重影响下，卫生系统会提高其服务水平。一方

① 《本市政府购买公共服务为10万农民提供生态就业岗位》：首都之窗——北京市政务门户网站，2008年3月17日。

面，政府购买公共医疗服务会促使政府的财政预算更加科学，另一方面，改革所引来的社会力量参与会对医院现有管理人员形成竞争的压力，促使其提高竞争能力。

2006年，在经历了市场化困局之后，北京市通过公共支出的方式购买公共交通服务，恢复了公交的公益性。

同年11月22日，海淀区人民政府制定实施《关于政府购买公共服务的指导意见（试行）》。在《意见》中明确规定，政府购买公共服务是政府提供公共服务的一种方式，是指政府将为社会发展和人民日常生活提供服务的事项交由政府主办的事业单位或有资质的社会组织等服务提供者来完成，并根据其提供服务的数量和质量，按照一定的标准进行评估后支付服务费用的做法。政府购买公共服务工作，要以服务群众为重点，以群众满意为准则，充分调动社会力量，合理配置社会资源，切实降低行政成本，提高资金使用效益，全面提升公共服务水平。[①]《意见》对政府购买公共服务的指导原则、购买价格、总体流程、部门职责、监督考核等方面做了详细的说明和规定。这个文件具有非常重要的意义，对政府购买公共服务走上规范化的道路具有重要的影响。

2007年，为解决农村地区法律服务资源匮乏的问题，北京市延庆司法局从实际情况出发，面向社会公开招聘了31名法律专业、大专以上学历的公益法律服务工作者。由这些法律服务工作者承担延庆13个乡镇的公益法律服务工作，由政府负担其工资和社会保险。以政府购买的形式为农民提供无偿、便捷的法律服务，以期促进社会公共服务的均等化，实现社会的公平和正义。这一政府购买法律公共服务的行为不但最大限度地满足了农民群众的法律需求，而且减轻了农民的负担，也有利于普及法律知识，维护社会稳定。[②]

同年12月2日，北京市社会工作委员会成立。这标志着北

① 海政发〔2006〕103号《关于政府购买公共服务的指导意见（试行）》。

② 张亦峰、李松：《政府掏钱为农民购买法律服务——北京延庆创新城乡社会公共服务均等化体系》，《法制网》北京频道，2007年12月21日。

京市社会管理工作迈上了一个新的台阶。

2008年，北京市连续制定实施了数个公共服务社会化相关文件和政策，标志着北京市公共服务社会化的进程开始加速。公共服务社会化的相关法规、规范体制开始健全和完善。2008年9月14日，北京市委办公厅制定实施《北京市加强社会建设实施纲要》，《纲要》中指出：要创新公共服务提供方式。加快政府职能转变，加快推进政府购买公共服务步伐。对可由社会组织或机构承接的事项，政府通过项目购买、项目补贴、项目奖励等多种形式，实行购买服务，逐步实现公共服务社会化、专业化、市场化。研究制定财政补贴、特许经营、贷款贴息等政策，落实有关税收优惠政策，支持鼓励各类社会组织和机构承接公共服务项目，逐步扩大公共服务的供给，降低服务成本，提高服务质量。在加大公共服务财政投入的同时，鼓励民间资本和社会力量向公共服务项目投资。进一步规范购买公共服务操作程序，明确购买服务的范围和项目、购买方式及监督评价方式，不断提高管理水平。①

《纲要》之后，北京市委办公厅紧接着出台了《关于加快推进社会组织改革与发展的意见》，《意见》中明确说明：加快推进政府向社会组织购买公共服务。建立健全以项目为导向的政府购买服务机制。政府有关部门要对各自承担的公共服务项目进行分析和梳理，对可由社会组织承接的事项，要通过规范方式逐步转移或委托给相应的社会组织承接，并实行费随事转。购买社会组织公共服务的费用，应当列入有关部门年度预算予以保证。市编制、财政、社会建设等部门要研究制定实施细则。②

9月22日，北京市委办公厅出台了《北京市社区管理办法（试行）》和《北京市社区工作者管理办法（试行）》。《北京市社区管理办法（试行）》中第二十八条指出，要创新和规范公共服务提供方式。通过政府“购买服务”、“合同外包”、“项目委托”等多种形式，将部分公共服务转交给专业化社会组织或社会机

① 《北京市加强社会建设实施纲要》，京办发〔2008〕17号。

② 《关于加快推进社会组织改革与发展的意见》，京办发〔2008〕18号。

构承担，逐步实现公共服务专业化、社会化、市场化，推动政府、市场和社会共同服务社区。①

2009年，北京市确立了社会建设专项资金，并于当年投入资金1.5亿元用于购买社会公共服务，探索建立政府购买公共服务的机制。

2010年7月12日，北京市民政局和北京市社会建设工作办公室在北京会议中心召开北京市“政府购买社会组织公益服务项目推介展示暨资源配置大会”。大会同时展示了由社会组织提供的约300个社会公益服务项目，涉及扶贫救助、扶老助残、医疗卫生、文体科普、妇幼保护、服务三农、法律援助、支教助学、生态环境、促进就业共十大类民生领域。北京市全年共撬动社会资金2亿多元，购买了扶贫、济困等20类300个公益性服务项目。为了对项目的购买进行监管，北京市先后制定出台了《北京市政府购买社会组织公益服务项目试点工作意见》、《政府购买社会组织公益服务项目考核管理办法》等多项政策法规。

2011年，北京市社会建设专项资金达到3.6亿元。②《北京市2011年政府购买社会组织服务项目指南》首次发布。《项目指南》第一次将政府购买社会公共服务的类别细化，2011年北京市社会建设工作领导小组办公室将继续利用社会建设专项资金，主要围绕社会公益服务、社会基本公共服务、社区便民服务、社会管理服务、社会建设决策研究及信息咨询服务等5个方面、40个类别向社会组织购买300个公共服务项目。《项目指南》只对服务方向、服务范围和服务重点作出了规定，而具体的服务内容题目要由申请人自行设计，对于没有明确服务对象或服务指向的不予受理。此外，对于指南范围之外的项目内容申请人也可以提出申请，审核时会考虑服务内容的可行性。③

---

① 《北京市社区管理办法（试行）》，京办发〔2008〕19号。

② 汤旸：《政府今年再买300公共服务项目》，载《新京报》第A18版，2010年3月16日。

③ 《2011年北京市再买300项公共服务》：载半月谈网之地方直通车，2010年3月16日。

2010年北京市政府购买公共服务主要有4种形式，首先是全额购买，全额购买是指在资格评估和审查之后，政府交付资金，由社会组织完全承担某个项目。主要是对一些规模较大、影响范围较广、具有较好的社会效应和可持续性的项目进行全额购买。如民办的博物馆、文化馆、图书馆等免费向青少年和老年人开放的项目，北京市提出要全额购买。其次是购买服务成本，这种购买方式不是全额购买，而是社会组织在运作非盈利性质的公共服务项目时，在已经从社会上募集到部分资金的情况下，政府在核定购买时将这一部分资金考虑在内，向社会组织购买项目的活动成本。北京市在购买的扶老助残项目中，有已经争取到一些资金支持的，政府支付项目运作的成本，以相对较少的资金买到了项目。第三是资助补贴，即北京市政府对社会组织实施项目给予支持和帮助，对一些有资金缺口的社会公益项目通过补贴的形式予以资助。北京市政府去年购买的“爱心传递热线”项目就属于此类形式，该组织为孤寡老人提供心理服务，政府予以一定的资金补贴用以支付志愿者的工作开销。第四种形式是项目奖励，主要针对社会组织自己筹集资金开办的公益项目予以一定的资金进行奖励。北京市民政局主要是通过电视竞标、专家和社会评审等方式，评选出100个项目开展效果最好、最受公众欢迎的服务项目进行资金奖励。

2011年北京市政府购买公共服务的方式主要有3种：全额购买、部分购买以及奖励。部分购买是指政府以补贴的形式拨付一定资金，鼓励社会组织参与社会公益事业。购买服务成本以及资助补贴都属于部分购买的范围。在购买中，部分购买以及项目奖励将成为主要的购买形式。

北京市政府部门官员表示，北京将建立“政府为主导、社会为主体”的资源配置体制，制定并实施公共财政对社会组织的资助扶持政策，健全政府购买社会公共服务的长效机制，让社会组织能够真正服务社区，服务民生，切实提高服务质量和水平。对于政府购买公共服务所面向的社会组织，北京市民政局正在酝酿对社会组织引入“信用等级”评估，开展分级管理。

社会组织的信用等级，将与该组织能否获得政府购买服务资格、参与项目合作、承接政府职能以及获得社会捐赠紧密挂钩。[①]

对于北京来说，要实现以“善治”为目的的社会建设，还有很长一段路要走。但是从北京市在这方面的积极作为来看，未来的局面值得期待。

三、取得的成效

北京市顺应社会管理和社会建设发展的趋势，积极开展公共服务社会化的试点和探索工作，尤其是近几年以来，随着相关政策法规的完善和健全，北京市政府向社会组织购买公共服务的实践取得了越来越多的成效。

第一，经过不断地探索和实践，北京市已经初步建立起较为完善的政府购买公共服务机制和较为全面的政府购买公共服务的内容体系。2008 年，北京市委办公厅相继出台了《北京市加强社会建设实施纲要》、《关于加快推进社会组织改革与发展的意见》、《北京市社区管理办法（试行）》和《北京市社区工作者管理办法（试行）》等 4 个文件，进一步健全和完善了政府购买公共服务机制。2009 年，北京市政府确立了社会建设专项资金，专款专用。2011 年，北京市发布《北京市 2011 年政府购买社会组织服务项目指南》，这是北京市首次发布这一《项目指南》。《项目指南》中对准备购买的公共服务的范围、方向以及服务重点做了相关规定。这一《项目指南》会在北京市政府向社会组织购买公共服务的实践中继续完善。北京市的公共服务社会化建设正在实践和探索中走向成熟。

第二，北京市政府向社会组织购买公共服务显著提高了服务质量。北京市政府以全额购买、部分购买和奖励等几种形式向社会组织购买公共服务，取代了传统的公共服务垄断，在社会管理和社会服务中引入社会力量的参与，充分发挥市场机制

① 魏铭言：《北京拟设财政专款购买社会公共服务》，载《新京报》第 A09 版，2010 年 5 月 24 日。

和合作机制的作用，通过竞争择优购买，大大提高了对人民群众公共服务的水平和质量。另一方面，社会组织更加贴近民众，反应迅速，机制灵活，能更好地满足群众对公共服务需求的多样性和层次性。北京市海淀区政府在医改过程中引入社会力量参与、向社会组织购买公共医疗服务，不但实现了官办分开，提高了医疗价格的合理性，而且引入竞争机制，整合了医疗资源，提高了医疗机构的医疗服务水平。

第三，公共服务社会化降低了政府的运作成本，提高了政府工作效率，同时也使政府资源得到优化配置。北京市政府创新公共服务的供给方式，转变了大包大揽的角色，将部分社会服务和社会管理的职能以购买的形式让渡给社会组织，大大降低了政府的行政成本，减轻政府的负担，使政府的预算更加科学化。通过公共服务社会化，政府逐渐实现了职能转变，将一些服务性、事务性的社会工作交由社会组织承办，避免了公共服务垄断的官僚主义色彩，节省了政府的行政、人力等各方面的资源，适度压缩了政府的规模，提高了政府的工作效率，更有利于打造服务型政府、高效政府和创新型政府。

第四，政府向社会组织购买公共服务推动了社会组织的发展。2008 年，北京市委办公厅出台了《关于加快推进社会组织改革与发展的意见》，《意见》中明确指出要加快推进政府向社会组织购买公共服务。建立健全以项目为导向的政府购买服务机制。政府有关部门要对各自承担的公共服务项目进行分析和梳理，对可由社会组织承接的事项，要通过规范方式逐步转移或委托给相应的社会组织承接，并实行费随事转。购买社会组织公共服务的费用，应当列入有关部门年度预算予以保证。市编制、财政、社会建设等部门要研究制定实施细则。北京市社会组织的数量近几年来一直呈现一个迅速增长的趋势。2009 年，北京市社会组织已经接近 7000 个。[①] 政府向社会组织购买公共服务，充分利用了市场机制、竞争机制和合作机制，在推动社

① 北京市社会组织公共服务平台统计数据。

会组织数量增长的同时，也提高了社会组织的质量和竞争力，使社会组织的结构日益完善和健全。

第五，公共服务社会化的发展为人民群众带来了利益，使群众受惠。公共服务质量的提高必然带来社区居民生活质量的上升，而且政府购买公共服务对增加就业、使农民增收也发挥了重要作用。2004 年北京市政府开启的生态林补偿机制，在数年的时间里解决了近 10 万农民的就业问题，取得了极好的社会效果。2010 年北京市政府购买的项目中，有一个叫做“爱心传递热线”的民间组织，其成员通过面谈或者电话谈心的方式向孤寡老人尤其是丧偶老人提供心理服务。政府向该组织支付部分资金以补贴志愿者的各种开销。该项目对社区老年人的心理健康和生活质量产生了积极的影响，受到群众的好评。[①]

案例点评

政府向社会组织购买公共服务，主要目的在于优质、高效地满足社会对公共服务的需要，同时也对政府自身的改革和职能转变产生巨大的推力。过去的经验告诉我们，要建设高效运转的政府，提供社会满意的服务，就必须从以前“全面包办”的全能型政府转变为有所为、有所不为的有限型政府。政府只有从大量且繁杂的社会公共服务中抽身出来，才有利于提高政府工作效率，降低政府行政成本，而且有利于提高公共服务的水平和质量。

北京市政府向社会组织购买公共服务是转变政府职能、打造服务型政府、深化行政管理体制改革和提升政府公共服务能力的重要措施。北京市政府着力打造有限政府、高效政府，将大量政府做起来“费力不讨好”的社会公共服务让渡给具有相关优势的社会组织来做，弥补了政府在提供社会公共服务方面

① 《北京今年计划向社会组织购买 300 项公共服务》：载《北京日报》第 A01 版，2010 年 3 月 9 日。

先天不足、运作成本过高的劣势，不但有效提高了工作效率，而且为人民群众带来了实际利益，提高了人们的生活质量。此外，政府这一购买公共服务的行为，为社会组织提供公共服务创造了更加宽松的环境，有利于社会组织的孵化和发展，给社会组织在新时期的发展注入了新的活力。

北京市在实践中探索发展公共服务社会化，成绩斐然。成效之外，购买公共服务的探索需要不断完善：

首先，应尽快完善相关的政策法规，将公共服务在法律法规上纳入到政府采购的范围之中，健全购买流程，完善监管机制，要做到购买行为公开透明，使这一购买行为真正地被纳入到法制化、规范化的体系之中。其次，要明确政府、市场和社会组织之间的关系，准确定位，不断扩大购买范围，使政府真正从大量的公共服务中抽身出来，打造服务型政府。第三，推进基本公共服务均等化是“十二五”时期的重要任务，因此，在进行公共服务购买时，侧重点不应该只放在城市，要不断探索和创新针对农村、农民和农业的公共服务供给形式，让社会发展的成果惠及农民，这也有利于社会的和谐和稳定。最后，针对北京市现有的社会组织的发展情况，政府要拿出有利于提高社会组织质量和活力的有效对策，使社会组织充分发展为成熟的市场主体。此外，政府应重视与非营利性组织的合作关系，非营利性组织也要加强组织内部的建设，完善组织结构，不断提高组织自身公共服务的供给能力。

北京市"枢纽型"社会组织建设与探索

案例提要：改革开放30年来，人民生活水平不断提高，需要健全社会组织来满足群众多元化、多层次的需求。在这一历史发展阶段中，以自愿、自制、公益和非盈利为主要形式的社会组织蓬勃发展，进入政府和公众的视野。我们要按照中央社会管理"党委领导、政府负责、社会协同、公众参与"的要求，加强政府负责与社会协同环节的对接互动，做好新形势下的妇女、青年工作，引导各类社会组织加强自身建设、增强服务社会能力。北京市在发挥"枢纽型"社会组织统筹整合社会资源，推动社会服务管理创新方面作了一些有益的探索。

案例介绍

一、问题的缘起

中国发展到今天，需要构建在党的领导下，政府组织、市场组织、社会组织三维良性互动的体制机制。一个成熟和发达的社会，不仅需要依法执政的政府管理体制和完善的市场经济体制，同时也需要一个充满活力、作用明显的社会组织体系。北京在成功举办奥运会之后，进入了一个新的发展阶段，全市人均GDP已突破1万美元，经济社会的快速发展需要社会组织充分发育并发挥出应有的作用。但目前社会组织服务管理体制不仅不能适应新变化，而且非常滞后。北京市社会组织经过这些年的发展，虽然如上所述有了较大进步，但总体上看，还存在着质量不高、能力不强、管理分散、发展无序等问题，还不能满足首都经济社会发展的需要。造成这种局面的主要原因是原有的管理体制滞后，已经不适应新的发展形势需要，甚至有时阻碍发展。一是政社不分、管办不分的现象比较普遍，许多社会组织都是由政府部门创立，在人、财、物上严重依赖行政部门，成为行政机关的附属物，自主发展、自我管理的能力不强；二是管理分散、疏于管理的问题比较突出。仅市级社会组织的业务主管单位就多达134个，绝大多数是各行政委办局，实际工作中，这些部门大多很难投入精力来提供专门的服务和管理；三是社会组织因找不到业务主管单位而无法登记的问题时有发生，很多社会组织只能以其他形式存在，于是产生了大量无人联系、无人管理的“草根”组织，同时，也有一些社会组织随便找一个挂靠单位，比如，邓小平思想政治研究会由市房改办管理，显得凌乱无序，很不规范；四是由于渠道不畅，社会组织党建工作滞后，党组织和党的工作覆盖面不够，工作在社会组织中的大量党员成为“口袋”党员，长时间不能过组织生活。

针对以上这些问题，必须通过体制创新来激发社会组织活力，推动社会组织发展，促进社会组织发挥作用。为此，市委市政府在2008年出台的《北京市加强社会建设实施纲要》等“1＋4”文件中明确提出了构建“枢纽型”社会组织工作体系的改革思路，形成了在市委市政府领导下，市社会建设工作领导小组办公室统筹协调“枢纽型”社会组织服务管理工作的新机制。

二、主要做法

所谓“枢纽型”社会组织，是指对同类别、同性质、同领域社会组织进行联系、服务和管理的大型联合组织，由市社会建设工作领导小组认定并授权承担以下三个方面的工作职责：一是在政治上发挥“桥梁纽带”作用，负责在所联系和管理的社会组织中贯彻执行党的路线方针政策，开展党建工作；二是在业务上发挥“龙头”引领和聚合作用，团结带领本领域社会组织形成合力、共同发展；三是在日常管理和服务上发挥平台作用，承担有关社会组织的业务主管单位职责，负责业务指导，进行日常联系、服务和管理。

北京市为贯彻落实《北京市加强社会建设实施纲要》（京发〔2008〕17号）和《关于加快推进社会组织改革与发展的意见》（京办发〔2008〕18号）精神，创新社会组织管理体制，努力探索具有时代特征、中国特色、首都特点的社会组织管理模式，根据《关于构建市级"枢纽型"社会组织工作体系的暂行办法》，于2009年认定以下10家人民团体作为第一批市级"枢纽型"社会组织：北京市总工会、中国共产主义青年团北京市委员会、北京市妇女联合会、北京市科学技术协会、北京市残疾人联合会、北京市归国华侨联合会、北京市文学艺术界联合会、北京市社会科学界联合会、北京市红十字会、北京市法学会。按照分类管理原则，以上认定的各"枢纽型"社会组织要对相关工作领域内的社会组织进行联系、服务和管理。

经过一年多的发展，第一批市级"枢纽型"社会组织积极开展工作，不断探索创新，在带领社会组织参与社会建设方面取得了明显成效。为进一步健全"枢纽型"社会组织工作体系，2010年12月30日，经北京市社会建设工作领导小组批准，北京市体育总会、北京市工商业联合会、中国国际贸易促进委员会北京市分会、北京市志愿者联合会、北京市私营个体经济协会、首都慈善公益组织联合会、北京市注册会计师协会、北京市律师协会、北京工业经济联合会、北京市商业联合会、北京市建筑业联合会、北京民办教育协会等12个社会组织被确定为第二批市级"枢纽型"社会组织。

第一批加上第二批共计22家"枢纽型"社会组织，覆盖率达到了80%以上，基本框架就能够初步的建立。今年北京市将认定第三批市级"枢纽型"社会组织，使市级"枢纽型"社会组织达到30家左右，基本实现对市级社会组织的全覆盖。同时，将积极采取措施，逐步形成市、区、街三级"枢纽型"社会组织工作网络。"枢纽型"社会组织实行分类管理，比如，青年类社会组织将由团市委进行联系、服务和管理，科技类社会组织由市科协负责，残疾人类社会组织由市残联负责，等等；而且，形成市、区（县）、街道（乡镇）多级“枢纽”，从而形成社会组织分类管理、分级负责的“枢纽型”社会组织工作网络。

北京市采取一系列措施促进“枢纽型”社会组织的发展。比如北京市通过购买社会组织公共服务项目的方式，支持“枢纽型”社会组织发挥龙头带队作用，以社会需求为导向，充分发挥社会建设专项资金的引导作用。北京社会工委、社会办成立以后，专门建立了专项资金，通过项目购买、项目补贴、项目奖励等方式，带领相关的社会组织开展基本公共服务、便民服务和社会公益服务。今后社会建设专项资金，用于购买社会组织服务项目，统一由“枢纽型”社会组织进行汇总和申报，并负责对项目落实和资金使用情况进行监督管理，切实发挥引领和带动作用。通过重点扶持项目引导等方式，支持枢纽型社会组织，培育发展公益活动品牌项目。每个“枢纽型”社会组织每年将联合本领域的社会组织至少要开展1～2次有规模的公益活动，政府有关部门通过专项资金给予重点的支持。通过建立市级组织孵化基地，搭建公共服务平台。现在北京市筹建市级的社会组织孵化基地，为“枢纽型”社会组织和所联系管理的公益类的社会组织提供初期孵化、政策咨询、能力建设、人员培训、项目指导等集约化的服务，同时支持有条件的“枢纽型”社会组织积极整合资源，通过建立社会组织之家，社会组织孵化器等形式，为相关社会组织搭建公共服务平台。

北京市委常委梁伟指出，构建“枢纽型”社会组织工作体系，要按照有领导责任制、有职能部门、有工作制度、有管理和服务体系的广覆盖、有党组织和党的工作广覆盖、有业务和服务品牌项目的“六有”要求，进一步健全“枢纽型”社会组织工作机制，尽快形成覆盖广泛、运行规范、作用明显的工作体系。要把加强社会组织党建工作摆在突出位置，进一步建立健全体制机制，通过社会组织党组织和党的工作全覆盖引领社会组织服务管理的全覆盖。要进一步解放思想、积极探索、勇于实践，加大资源整合和政策集成力度，努力开创我市社会组织工作的新局面。[①]

"枢纽型"社会组织的核心工作就是以人民团体为骨干构建"枢纽型"社会组织。构建"枢纽型"社会组织工作体系之所以要以人民团体为骨干，是因为：

第一，社会组织管理要坚持正确的政治方向，决不能在人民团体外"另起炉灶"。工会外搞民间工会体系，社科联外搞民间社科体系，政治方向就出了大问题。我国国情决定了社会组织工作必须始终坚持党的领导和正确的政治方向，不能像西方国家那样，社会组织可以随便成立、任意发展，更不能站在党和政府对立面上。人民团体是党领导下的群众组织，多年来一直是党和政府联系各界群众的桥梁和纽带，是党和政府最值得依靠、最值得信赖、最为得力的助手，具有比较健全的组织体系、工作队伍和工作机制。2007 年底，市委在研究新形势下北京市科协工作时，刘淇书记明确指出，要探索建立中国特色的社团管理体制。按照这一要求，我们提出了构建"枢纽型"社会组织工作体系的思路，并决定首先从人民团体做起。

第二，人民团体有良好的工作基础和优良传统，社会组织管理与人民团体管理决不能搞"两张皮"，要有机融合，这也是政治问题。长期以来，很多人民团体一直从事着相关社会组织的管理职责，有比较好的工作基础。比如北京市科协目前管理着 170 多家科技类学会、研究会和有关组织，其他人民团体也都管理着一定数量的社会组织，而且积累了许多工作经验，工作很有成效。因此，我们在考虑由"谁"来做"枢纽型"社会组织时，认为应该首先充分发挥人民团体的现有资源和工作优势，通过改革创新，首先把人民团体做大做强，不能搞"两张皮"。

第三，社会组织服务管理创新应当首先推动人民团体工作创新。在新的形势下，人民团体自身工作也面临许多新挑战和新要求。在社会转型过程中，社会结构、社会动员方式、社会

① 《北京市枢纽型社会组织工作体系框架》，北京社会建设网，2011 年 2 月。

利益格局发生了深刻变化，客观上讲，人民团体也在很大程度上面临着如何转变工作方式、拓宽工作视野等问题。在被认定为“枢纽型”社会组织后，通过联系、服务和管理本领域众多的社会组织，有助于人民团体的工作平台“加宽加长”，从而更好地发挥党和政府赋予的桥梁纽带、发展龙头、服务管理平台作用。因此，从此种意义上讲，社会建设需要人民团体的大力参与，人民团体也同样需要借助社会建设这一广阔舞台，在新时期实现更大发展。

第四，“枢纽型”社会组织不是新的官僚体制，而是开放竞争的体制。一方面，“枢纽型”社会组织扩大了覆盖面，另一方面，同时也增加了工作交叉点。下属社会组织选择业务主管单位——“枢纽型”社会组织的自由度更大了。如：女性青年类的社会组织，既可以在市妇联也可以挂靠到团市委；职工法律类的社会组织，既可以在市总工会也可以选择市法学会等等。在“枢纽型”社会组织大框架内，可自由选择业务主管单位，谁有吸引力谁的周边就可以团结更多的本领域社会组织。“枢纽型”社会组织之间的竞争力增强了。另外，由于民间社会组织的大量加入，也推动“枢纽型”社会组织服务管理方式必须不断改进，民主意识必须不断增强，要同时兼顾政府和社会的利益，切实发挥桥梁纽带作用。因而，今后人民团体等“枢纽型”社会组织的“官”也会越来越难当了，当然地位会越来越重要了。

三、取得的成效

三年来，北京市在社会组织服务管理创新方面做了一些探索，全市社会组织蓬勃发展。截至2010年底，全市共有依法登记的市区两级社会组织7100余家；此外，还以备案制等形式存在着数量众多的社区社会组织、“草根”社会组织以及高校社团组织，总量近3万家。这些数量众多、形态各异的社会组织，分布在首都经济社会生活的各个方面，在发展市场经济、提供公共服务、保障改善民生、完善基层民主、促进社会和谐等方面发挥了重要作用，特别是在汶川抗震救灾、举办2008年奥运会、庆祝建国60周年以及应对国际金融危机期间，全市约1.2万家各级各类社会组织参与了相关工作，发挥了积极作用，已经成为促进首都经济社会发展的一支重要力量。

北京市"枢纽型"社会组织实现了工作方法上的创新：第一，实现了工作领域由体制内向体制外延伸，覆盖面不断的扩大。各"枢纽型"社会组织在认真做好体制内社会组织相关工作的基础上，积极采取措施，延伸工作触角，将社会上大量存在的草根组织纳入工作视野，积极进行联系、服务和引导，填补了过去服务管理上的空白，有效的扩大了工作的覆盖面。比如说团市委积极为青少年类的社会组织搭建展示与交流平台，通过举办青年社团文化节以及建立社区青年社、乡村青年会等形式，吸引了一大批草根组织主动参与。已经与全市2000多家组织建立了联系。市总工会着力推动"服务型工会"建设，建立了19个职工服务（帮扶）中心、532个工会服务站以及大量基层组织，覆盖近400万工会会员。团市委针对社会上不断出现的车友会、网友协会、驴友沙龙等青年"自组织"，通过举办"青年社团文化节"等形式，吸引了本领域一大批"草根"组织的参与；同时，在全市范围内建立了80家"社区青年社"和"乡村青年会"，广泛搭建青少年社会组织及青少年群体沟通、服务和交流平台，目前已与全市5000多家各级各类青少年社会组织建立了工作联系。市妇联在全市建立了6590个"妇女之家"，实现了对16个区县的2646个社区和3944个村的全覆盖，"妇女之家"作为市妇联创建的服务基层妇女群体的新型工作平台，提供综合维权、创业就业、教育培训、家庭教育、家政信息、婚姻家庭和帮扶救助等各项服务；此外，还通过"姐妹驿站"、"巧娘工作室"等社会组织广泛联系、服务各类妇女群体。市残联与本领域80余家民办残疾人康复机构建立了工作联系，并通过人员培训、项目补助、评比表彰等形式进行支持。市红十字会主动与有关民间应急搜救组织以及志愿服务组织建立工作联系，积极提供支持，一同开展工作，比如，将原民间草根组织“蓝天救援队”改造为“北京红十字应急救援队”，取得了很好的成效。

第二，实现了工作方法由管制型向社会型转变，培育扶植力度不断的加大。在培育扶植本领域发展方面做了大量的工作，发挥了龙头和骨干的作用。比如说市科协组织所属科技类的学术和研究会，定期举办学术演讲比赛，展示科技类社团和科技工作者的风采，促进本领域组织之间的学术交流。市残联、市侨联等通过举办竞赛、科普讲座等活动，发挥本领域的优势，共同参与社会建设。形成了许多公益品牌。“枢纽型”社会组织在参与社会建设、提供公共服务方面有着很好的工作基础和优势，近年来在这些方面不断推出一些有代表性的工作或活动品牌。比如，市总工会与人力社保、信访、司法、法院等部门建立了解决劳动争议的五方联动机制，综合运用法律、政策、经济、行政等手段，预防和化解矛盾纠纷，构建和谐劳动关系；团市委实施了“100365 首善行动”等公益活动品牌，搭建社会各界参与青少年公益事业的广阔平台，倡导社会各界爱心人士共同为青少年发展创造良好的社会环境；市妇联、市总工会、团市委联合打造“婚之恋”交友婚恋公益品牌，满足单身人群的交友联谊需求，取得了良好的社会效果。市科协、市社科联组织所属学会、研究会，持续举办“科普进社区”、“周末社区大讲堂”等品牌活动，为科技工作者服务基层群众、参与社会建设搭建了工作平台。

第三，实现的工作方式由粗放型向精细化过渡，管理的规范化程度不断的上升。自正式认定以来，各“枢纽型”社会组织按市政府赋予新的职责，结合本领域的特点和工作需要，在原有基础上对内部相关规章制度进行了重新调整、修订、补充和完善，进一步规范了对社会组织的管理和服务工作。比如说市科协对内部工作制度进行了统一的规范，以一本通的形式对本领域组织进行登记备案、活动开展、项目申报等具体事宜进行了详细的规定。团市委制订发布了关于加强新形势下全市青少年工作组织的意见。市社科联、市残联也提出了许多具有针对性、创新性的办法和措施，为更好的开展工作提供了保障。

第四，实现了工作效果由分散化向集聚化提升。一个时期以来，各“枢纽型”社会组织积极采取措施，充分整合资源，协调各方，凝聚力量，改变以往布局分散、各自为战的局面。比如说北京市举行的首届首都社会公益活动周期间，联合带动百余家各级各类的社会组织举办了丰富多彩的社会公益活动，内容涉及文化教育、心理教训、医疗服务、养生保健、创业指导、法律保障、节能环保、紧急救助、志愿服务等多个领域，共举办论坛36场，公益展示32场，提供免费咨询服务近500场次，累计服务群众达20余万人次，取得了良好的社会效果。

除了以上提到的创新外，北京市的区县层面的枢纽型社会组织也在本地区、本领域积极的开展工作，创造出一些行之有效的工作模式。比如说海淀社会组织联合会，除广泛联系区属的相关社会组织以外，还突破了层级和隶属关系，积极和国字头的行业协会建立了联系，共同为海淀区的经济发展献计献策，贡献力量。

案例点评

构建“枢纽型”社会组织工作体系是中国特色社团管理模式的新探索。中国的社团管理目前实行的是“双重”管理体制，即：业务主管单位管理与登记管理。从国际惯例来说，通常是直接登记；从我国社会组织管理改革的方向来说，是政社分开、管办分离。如何既不违反目前“双重”管理体制，又符合发展方向呢？北京市探索了“枢纽型”社会组织管理新模式。这种模式有以下几个特点：第一，符合改革方向又不违背现行规定。由“枢纽型”社会组织代替行政部门履行社会组织业务主管单位职责，有利于促进社会组织与行政部门在人、财、物上的彻底脱钩，符合改革和社会组织自主发展、自我管理、政社分开、管办分离的方向，且又不违背国家规定的“双重”管理体制。

第二，符合社会组织发展规律又有中国特色。“枢纽型”社会组织不是政府部门，实行以“社”管“社”的工作模式，从长远看，符合社会组织社会化、专业化的发展趋势，同时又有中国特色，不是放任自流，均纳入“枢纽型”社会组织工作体系。第三，可一举多得：一有利于加强党的领导，二有利于加强分类服务管理，三有利于促进共同发展。尤其完善了自身职能，服务和管理本领域社会组织的规范化水平不断提高。各“枢纽型”社会组织按照市委、市政府赋予的新的工作职责，结合本领域社会组织的实际特点和工作需要，在原有基础上进一步加强内部规章制度建设，管理和服务水平不断提高。比如，市科协对内部工作制度进行了统一和规范，编制了社会组织服务和管理手册，以“一本通”的形式对本领域社会组织登记备案、日常管理、活动开展、项目申报等工作事宜进行了详细规定。团市委制定发布了《关于加强新形势下全市青少年社会组织工作的意见》，就培育引导“青年自组织”发展等提出了明确要求。此外，市社科联、市残联、市侨联、市法学会等也都按照社会建设“1＋4”文件精神，提出了许多具有针对性、创新性的办法和措施，为更好地开展相关工作提供了制度保障。

“枢纽型”社会组织是在我国推进社会建设的背景下，北京市创新社会组织管理体制和工作机制的一项措施，具有重大的理论意义和实践意义，但仍需要不断探索、不断完善。在构建“枢纽型”社会组织过程中，以下问题值得深思：(1) 如何界定“枢纽型”社会组织的性质？“枢纽型”社会组织既有自己的特定的利益群体代表，又要协调政府与所管理的社会组织的关系，如何促使“枢纽型”社会组织的自身发展与“枢纽型”桥梁角色的结合？如何增进草根组织与官办组织的协调发展？在一定程度上，“枢纽型”社会组织的性质与定位将直接决定这场改革的价值与意义。[1] 从政府与“枢纽型”社会组织的关系看，政府能否做到超脱而不越俎代庖，“枢纽型”社会组织能否淡化与政

① 战建华：《我国社会组织管理体制改革的实践分析》，载《发展思索》2009 年第 7 期。

府的关系；从“枢纽型”社会组织与其他社会组织的关系看，“枢纽型”社会组织如何确定管理边界与管理权限，如何做到管理与服务并重，如何确保社会组织的自主性与活力组织层出不穷，如何使“枢纽型”社会组织覆盖所有的社会组织，这些问题都将直接决定社会组织管理体制改革的成功与否。[①]（2）如何加强“枢纽型”社会组织自身建设，实现与其他社会组织乃至整个社会的协调发展，将是“枢纽型”社会组织能否发挥作用的关键。目前承担“枢纽型”社会组织功能的人民团体大都带有浓重的行政色彩，在具有优势的同时，也存在诸多问题，这些都是在“枢纽型”社会组织的发展中需要进一步解决的问题。

① 崔玉开：《枢纽型社会组织》，载《甘肃理论学刊》，2010年9月。

北京市东城区、朝阳区网格化社会管理模式

案例提要：在2011年2月19日中央举办的省部级主要领导干部"社会管理及其创新"专题研讨班上，胡锦涛总书记发表重要讲话，强调要牢牢把握最大限度激发社会活力、提高社会管理科学化水平，加强创新社会管理，进一步加强和完善基层社会管理和服务体系，确保社区和谐稳定，不断探索社会管理的新模式已成为当前社会发展的关键环节。近年以来，北京东城区、朝阳区试点推行以网格化管理为主要特征的城区综合管理体制改革，着力探索新形势下基层社会管理的新模式，取得了初步成效。

案例介绍

一、问题起源

我国目前正处于社会变革的重要机遇期，社会结构深刻变动、利益格局深刻调整给社会建设尤其是社会管理方面带来了巨大的挑战，社会大转型导致新的社会事务大量产生，如行业管理、社会组织管理、社区管理、物业管理、互联网管理等，同时引发了众多新的社会问题。[1] 传统的社会管理模式在各个方面都与时代的发展有着很大的不平衡性，在城市格局方面，其

① 《社会转型冲击传统管理模式　社会建设瓶颈急需突破》，载《中国新闻报》，2010年7月2日。

经济结构、人员结构、组织结构也发生了极大地变化，不断探索创新社会管理模式已成为社会发展的必然选择。

北京东城区是由原东城区和崇文区合并形成的新首都功能核心区，面积 41.84 平方公里，常住人口 86.5 万人，流动人口 26.5 万人，管辖 17 个街道办事处、205 个社区，[①] 在维护首都安全稳定，加强首都社会管理中承担着重要责任。这里是中国的心脏首都北京，经济、文化、教育、科技资源丰富，重大活动高度密集，信息资源丰富，对东城区的有效管理意义重大。朝阳区位于北京市主城区的东部和东北部，是北京市面积最大的近郊区，土地总面积 470.8 平方公里，其中建成区面积 177.2 平方公里。朝阳区的人口特点是总量大、增长迅速、结构复杂。朝阳区有大量外籍人士、商务人士、文化人士，有五大工业基地形成的大量制造业人口，还有 17 万左右的农民。朝阳区的最大特点就是发展不平衡，高收入人群和低收入人群并存，生活富裕人口和生活困难人口同在。北京东城区、朝阳区作为北京市的两个大区各有其不同的结构和发展特点，但两区的治理水平对北京城市的整体水平起着至关重要的作用。近年来随着城市化进程的逐步加快，两区的发展规模不断扩大，人口不断增多，居民对城市管理水平要求也不断提高，用传统的城市管理手段远远不能满足现代城市管理的要求。传统管理方式和管理手段的落后是造成城市社区管理效率不高、水平低下的重要原因，就北京市朝阳区和东城区而言，管理过程中主要存在以下问题：首先是管理观念的落后，在传统的社会管理中，辖区内的管理人员重视经济效益而忽视社会效益，重视眼前利益忽视了长远利益，造成了城市社区管理状况的混乱。其次是管理体制的落后，北京市政公用设施管理分散在城管、交通、环保、建设、国土、水利、消防等部门，管理机构重叠，政出多门、条块分割、无人管理、交叉管理“综合症”频发，僵化落后的城市管理体制严重制约城市功能的发挥。三是东城朝阳两区管

① 北京东城区委、区政府：《关于东城区网格化社会服务管理模式的总体情况》，2011 年 3 月 27 日。

理机制的落后，当前社会中的管理体制主要是一种单一行政管理体制，其管理城市的部门主要有环保、交通、工商、市容、市政等，每个部门各管理一部分，因此经常出现无人管辖或者交叉管辖的情况，致使城市管理无法形成合力，增加了管理成本，降低了效率管理。① 同时，行业垄断、政企不分、政府保护给政府事业单位一种特殊的优越感，辖区内的这些单位依靠其自身性质所形成的“铁饭碗”使其丧失了激励约束机制。四是管理手段的落后，传统的社会管理中的管理手段较为简单，东城、朝阳两区在过去的管理过程中主要依靠的是行政手段，忽视法律手段、经济手段和宣传教育手段的综合运用。管理方式表现出一种粗放的经验式管理，缺乏系统的现代管理手段。五是管理评价标准落后，没有一套科学、系统、完整的管理评价指标和专业化评价机构。只是单纯的采取自上而下的检查评比，缺少群众广泛参与，使检查评比过于形式化。②

传统的社会管理模式暴露出的弊病迫切需要用新的方法加以解决，而城市化的快速发展对现代社会管理方式提出了新的要求，同时信息化水平的提高为新模式的产生奠定了一定基础。在2008年颁布的《北京市加强社会建设实施纲要》中明确指出，不断完善社会服务网络，加强社区服务网络建设，把政务服务、公益服务和便民服务有机结合起来，实现公共服务进社区。③ 在这样的情况下，这种新型的网格化社会管理模式进一步发展。所谓网格化管理，是将某个管辖的社区划分成若干网格状的单元，对每个单元网格配备各个方面的专业人员实行全天候动态管理。从居民之间的矛盾纠纷，社区的环境卫生到社区的文化生活以及社区安全保护都可以通过社区网格来完成。一旦有突发情况，相对应的网格负责人会第一时间到现场处理。网格化的社会管理模式，本质上是一种数字化管理模式，主要运作方式是利用电子网格地图技术，根据属地管理、地理布局、现状

① 范况生：《城市网格化管理研究与实践》，2006。

② 刘琪：《城市网格化管理模式的拓展应用研究——以长宁区为例》，2008年。

③ 《北京市加强社会建设实施纲要》，载《北京日报》，2008年9月27日。

管理等原则，将管辖地域划分成若干网格状的单元，并对每一网格实施动态、全方位管理。[①] 在此基础之上，对网格内的居民进行全方位、高标准专业化的服务，我们将这种服务方式称之为组团式服务。网格化管理与组团式服务相结合便形成了一套综合管理服务系统，在这样的系统之下，社区能够为辖区内的居民提供专业化、高效率且有针对性的服务，从而提高社区管理、综合服务的能力，建立起服务于民的长效机制。网格化社会管理的组织层级可以概括为"三级平台、四个层级、六大系统"。"三级平台"，即区社会服务管理综合指挥中心、街道社会服务管理综合指挥分中心、社区社会服务管理综合工作站；"四个层级"，即区级、街道、社区级、网格级。"六大系统"是指涉及民生的建设服务系统、以高科技为基础的信息系统、高标准的组织指挥系统、以预警防范为目的的维稳防控系统、快速灵敏的应急处理系统、真实客观的考核评价系统。[②] 在这样一种网络系统之下，使得全区基本形成社区各种服务类型相结合的多类型、多层次、广覆盖的社会管理服务体系。网格化管理是社会管理模式的一种创新，甚至是一场革命，它的创新之处在于建立了主动发现问题和解决问题的管理体系，克服了传统管理模式的弊端，形成一种条块结合、协同工作的城市管理格局，真正实现了政府管理方式的转变。

网格化的社会管理模式适应经济社会形势的发展，积极改革创新了政府公共管理职能、基层组织的管理服务模式，是能够广泛应用于社会生活的各个方面的一种管理服务模式。经济水平发展，人口素质提高，无一不建立在优质的社会管理模式的基础上，而能被称之为优质关键是要与当时当地的环境相适应，北京东城区、朝阳区在创新社会管理模式理念的指导下，紧紧抓住作为全国和北京市社会管理创新综合试点区的契机，对网格化的社会管理模式进行了研究探索，并将其运用于实践之中。

---

① 中共舟山市委政研室：《网络化管理——社会管理服务的新模式》，载《政策瞭望》2008 年 10 月 1 日。

② 《北京东城区试点"网络化"管理信访量下降》，千龙网，2011 年 3 月 3 日。

二、主要做法

2004年起，国家建设部和北京市组织了大量理论界的专家学者，在反复调研城市发展现状的基础上，提出了精细化、网格化、信息化、人性化的城市管理理念，创建出一种城市网格化管理新模式。这种新模式的核心内容是：通过整合多个政府部门的城市管理职能，创建了监管分离、协调一致、双轴心管理体制和运行机制；提出了城市管理对象精确定位的万米单元网格法（运用网格地图的技术思想，以一万平方米为基本单位，将城区所辖范围划分为一定量网格单元，由城市管理监督员对所分管的单元格实施全时段监控）[①]、城市部件管理法（把物化的城市管理对象，作为城市部件进行管理，运用地理编码技术，将城市部件按照地理坐标定位到万米单元网格地图上，通过网格化城市管理信息平台对其进行分类管理）[②]，建造基于 GIS（地理信息系统）的城市部件数据库；研发了实时实地采集城市管理信息的“城管通”，以及相应的无线传输、集成系统；通过整合信息资源，扩建与新建相结合的手段，建成了一个支撑精确、高效、全时段、全方位城市管理集成化的信息平台。[③]

北京东城区作为全国社会管理创新综合试点区，立足首都功能核心区定位，牢牢把握“最大限度激发社会活力、最大限度增加和谐因素、最大限度减少不和谐因素”的总要求，积极探索“精细化管理、人性化服务、多元化参与、信息化支撑”的网格化社会服务管理模式，大力推进网格化社会管理新模式试点工作。网格化社会服务管理模式在充分总结原东城“万米城管网格”和原崇文“信访代理制”、“城管综合执法机制”的理念及实践经验的基础上，针对当前社会安全稳定存在的薄弱

① 《网络化管理——北京找到了自己的数字化模式》，载《中国计算机报》，2006年5月19日。

② 刘琪：《城市网格化管理模式的拓展应用研究——以长宁区为例》，2008年。

③ 刘琪：《城市网格化管理模式的拓展应用研究——以长宁区为例》，2008年。

环节和重点问题，以社会各类人和组织为重点，充分运用网格理念和现代信息技术，以责任制为依托，综合考虑“地、事、物”等因素，合理划分网格单元，进行精细化服务管理。同时建立网格化的特有框架体系，即“三级平台、四个层级、六大系统”，以此来提升社会建设和管理的科学化水平。

东城区依照完整性、均衡性、便利性、差异性的原则，将全区 17 个街道、205 个社区共划分为 589 个社会管理网格，每一社区划分 2～5 个网格。[①] 为扎实有序推进网格化社会服务管理创新，建立了“四个体系”：即坚强有力的组织领导体系、高度整合的机构队伍体系、科学先进的信息建设体系、特色有力的智力支撑体系，在每个体系之下，都有其丰富的内容。

在实践过程中，东城区首先将这一网格化的管理模式应用于科教文卫等领域。2005 年，东城区社区卫生服务改革利用网格化管理思想，将全区进行网格化布局，整合全区医疗资源，建立了社区卫生服务工作网络，创立了全过程监控、信息化支撑、网络化管理的新型卫生服务模式，使居民能够在 300 米范围内实现就近就医。截至 2008 年，全区为 10 万余人次持卡居民免除挂号费、诊疗费 30 余万元；实行零差率销售的药品比例达到了 85%，累计优惠药费 250 余万元。仅 2008 年，全区社区卫生服务总门诊量达到 61 万人次。[②] 同年，东城区将网格化的管理模式应用到教育领域，开展“学区化管理”和“蓝天工程”，运用网格划分方法将东城区划分为五个网格，每个网格内都配有不同类型的教育资源，实现网格内的资源整合与共享，同时建设青少年课外活动门户网站和多个数据库，使青少年的活动空间大大拓展。

2006 年，东城区继续将网格化的社会管理模式应用于社会救助系统，建立起了比较完善的数字化救助体系，这一救助体

① 北京东城区委、区政府：《关于东城区网格化社会服务管理模式的总体情况》，2011 年 3 月 27 日。

② 《北京东城区网格化城市管理新模式及拓展应用领域》，载《数字城市》2009 年第 10 期。

系以低保制度为基础，以医疗、教育等专项救助相配套，以应急救助、社会互助为补充，政府统筹协调、街道统一实施，全面促进了东城区社会救助工作的提高。2007年，东城区又将这一模式应用于对流动人口和出租房屋的管理之中，形成全方位覆盖、全过程监控的城市流动人口和出租房屋网格化管理新模式，真正实现了流动人口和出租房屋的精细化管理。

2008年，东城区在“万米单元网格化城市管理新模式”的设计理念和技术成果的指导下，进一步扩充网格化城市管理信息平台的功能，积极构建公共安全监管新体系，建立起指挥中心和监督中心“双轴化”管理模式，大大提升了社区的日常监管能力和预警能力，也使得各部门之间的联系加强，大大提高了他们综合执法的能力。

从2010年起，北京东城区的网格化管理全面升级，网格化的社会管理功能大大提升。全区被划分为589个网格，每个网格都有“七种力量”进入：网格管理员、网格助理员、网格警员、网格督导员、网格党支部书记、网格司法工作者、网格消防员，[①] 这“七种力量”覆盖日常生活各个层面。从区、街道一直到社区和网格，建立了四级管理体系。这样一来，“格”内的信息数据覆盖面也更加丰富，不但管理更加精细化，服务也更加具有针对性，其服务对象由过去的区、街道，延伸到社区、网格、家庭甚至个人。将社区进行“网格化”管理不但提高了管理效率，也使人们享受到更全面的社会服务。

除东城区外，北京朝阳区也在不断探索网格化社会管理新模式，2005年，建设部决定在北京朝阳区开展试点工作，网格化社会管理模式在朝阳区得以推进。对于朝阳区来说，各地的经济发展水平差异较大是其最主要的特点，辖区内既有经济发达的商业区，又有广阔的农村地区。进行网格划分，首先遇到的问题就是管理人员的缺乏，无法像东城区那样对每个网格配备相应的管理责任人。所以，无法直接把东城区的网格化管理

① 《北京东城区试点“网络化”管理信访量下降》，千龙网，2011年3月3日。

模式直接照搬。朝阳区的办法是，广泛发动社会力量，提倡社会化管理。首先，试点先行，分步推广。将三环以内城区、四环周边城区和农村地区分三步纳入网格化管理；其次，以事件管理为重点，管理内容从城市环境管理拓展到社会管理，纳入对人、对单位的管理；第三，推进城市管理社会化，调动门前三包单位、保洁队、绿化队、物业公司等社会力量参与城市管理；第四，以 96105 作为统一呼叫平台，信息化城市管理系统与政民互动系统进行对接。①

朝阳区的网格化社会管理在过去的五年中取得了显著成效，通过网格化管理，将全区划分为 509 个管理网格，每个网格按一定的比例标准配备管理员、监督员和协管员，通过这种方式将人、地、事、物、组织等基础信息全部纳入网格。一个大社区被划分为小网格，各类管理服务人员甚至党组织都进入了网格内，让居民感觉到生活更加方便。朝阳区建立了“一刻钟社区服务圈”，使居民可以在一刻钟之内享受社区提供的上百项服务，诸如日常修理、购物、餐饮、文化娱乐、金融、医疗卫生等方面，使居民真正做到足不出社区，便可享受到基本的生活需求服务。

与东城区不同的是，朝阳区的管理模式由起初的网格化的社会管理模式向一种“全模式”社会服务管理发展。朝阳区区域面积大，人口多，在这种情况下，单纯依靠政府力量实施社会管理难度可想而知。因此，“全模式”社会服务管理中的关键问题就是由过去政府独家管理向社会多方共同管理的观念性转变。全模式社会服务管理最大的特点就是，通过政府与社区、单位、市民的合作，政府与院校、企业的合作，政府与其他国内国际机构的合作，实现责任主体的多元化，形成了全体社区居民和全体社区单位共同参与为基础的，政府主导、社会各方合作治理的新型管理模式。②“全模式”社会服务管理包含应急

① 《网络化管理——北京找到了自己的数字化模式》，载《中国计算机报》，2006 年 5 月 19 日。

② 《全模式让生活更美好》，朝阳区人民政府网站，2011 年 4 月 1 日。

管理、城市管理、综治维稳、安全生产、社会事业、社会保障、社会服务、经济动态、法律司法、党建工作等10大模块，把涵盖居民生活的各个细类的社会事务全部数字化。[1]“全模式”的管理方式是基于网格化社会管理的基础之上，对居民生活提供更加周到精细的服务。

网格化的社会管理模式在北京东城区、朝阳区取得了良好的效果，根据北京市“十二五”时期社会建设规划，这种创新的社会管理模式将在今年向全市推广，并在“十二五”末基本实现全覆盖。

三、取得的成效

北京市东城区、朝阳区实行网格化社会管理模式以来，取得了良好的效果。首先，网格化的社会管理模式为社区居民生活的各个方面提供保障，大大提高了人民群众的幸福感。东城区根据完整性、便利性、均衡性、差异性原则将管辖地域划分成若干网络单元，做到“天上有云（云计算中心）、中间有网（互联网）、地上有格（社会管理网）”[2]，社区居民全部纳入网格内，社区对居民提供全方位的服务，并由专门网络工作人员对社区进行全方位24小时的动态全方位管理，人们的衣食住行等各个方面都可以做到凡事不出网格。社会管理融入了网格的各个方面，同时提升了居民生活的安全感。社区所创立的“一刻钟社区服务圈”，居民只需步行15分钟便可解决基本生活需求。

其次，网格化管理模式形成了一种更融洽的管理氛围。以前的管理模式是“条块”分割，基层的办事人员权力小，但群众遇到问题只能找基层办事人员，而真正掌权的职能部门却很难接触到基层问题。“网格化”管理直接将职能部门管理人员下沉，融入社区，打破了上下级关系，群众之间形成了一个有效的问题反映机制，网格虽然小，但是它能在第一时间发现问题，

① 《社会管理的北京创新》，载《北京日报》，2011年6月2日。

② 《网格化的北京东城区》，载《新快报》，2011年4月6日。

发现问题就能迅速解决问题，更好的服务民生。社会管理网格化完善了社会化服务机制，使得各种服务以及保障机制相互衔接，更加有利于社会稳定发展。社区实行网格化的治理模式，也大大提升了居民参与社区生活的程度。网格化大大缩小了工作力量的单位面积，扩大了社区服务的密度，使得更多的居民可以把精力投入社区，有效的培育居民的社区归属感，居民参与社区建设的积极性不断提高，社区氛围更加融洽。

第三，网格化的社会管理大大提升了管理效率。网格化城市管理新模式运行五年来，共解决东城区各类城市管理问题22万件，结案率长期稳定在95%以上，问题办理结案平均时间由过去的一周提高到现在的6.5小时，每月平均处置各类城市管理问题3000件，处理问题数是过去的6倍[①]。特别是在北京市筹办“奥运会”期间，通过对网格平台的具体操控运用探索开展奥运专题城市管理工作，针对城区范围内涉奥地区的管理监控，开发、制作了奥运网格管理专题图层，并将其同奥运重点地区案件标识添加至网格化城市管理信息系统中。2008年8月8日至9月20日奥运会期间，城管监督中心共立案奥运相关案卷3447件，结案3350件，处理中97件，结案率97.16%。[②] 网格化管理方式使得街道信访量大大下降，案发率也大大降低。北京东城区宋甘澍介绍道，实行街道“网格”管理以来，东城区的同期信访总量和集体访量都有所下降，万人和百户发案率均保持全市最低水平。全区火警、火灾数量同比分别下降61%、81%，[③] 是全市唯一实现火警、火灾数量下降的区县。

第四，网格化管理大大提升了利用高度发达的信息化技术的水平，管理过程更加现代化、专业化。网格化管理是一种数字信息化管理的新模式，“万米单元网格管理法”以及与之相结合的“城市部件管理法”都是依托数字城市技术，将社区管辖

① 《北京东城区网格化城市管理新模式及拓展应用领域》，载《数字城市》2009年第10期。

② 《北京东城区网格化城市管理新模式及拓展应用领域》，载《数字城市》2009年第10期。

③ 《北京东城区试点“网络化”管理信访量下降》，千龙网，2011年3月3日。

范围划分成不同网格，使每个网格内的事件都数据化，同时与网格单元进行对接，形成多维信息体系。一旦出现问题，都能马上传到城市指挥平台，通知相应责任职能部门解决问题。通过对网络平台的信息系统建设，逐步构建城市运行监测平台，使网格化城市管理平台成为基础信息平台，成为整个城市数据、信息的集散中心，进而对这些数据进行综合分析，形成对城市总体态势的描述以及相关预警，提出解决方案和政策建议，实现对城市总体运行的全过程的系统管理。

城市网格化管理集成了多种现代信息技术，通过对GIS（地理信息系统）、GPS（全球定位）、RS（遥感）等多种技术和各类信息业务平台的整合应用，实现了城市管理全过程信息的实时传递与处理；实现了技术与体制相互保障制成的良性互动；支撑了整个系统流程再造，使系统的内生评价与精确、敏捷管理方式得以实现，做到了以信息流调控人流、物流，实现了数字城市技术应用领域的创新，使信息化建设落到实处，信息化水平进一步提高。

目前，网格化的社会管理模式除在北京东城、朝阳两区试点推行外，还在北京顺义区、上海普陀区、长宁区、卢湾区、西宁市城西区、成都市武侯区、南京市鼓楼区、贵州省毕节市、黑龙江省哈尔滨市、浙江省舟山市等城市地区得到推广，且取得了良好的社会管理效果，重庆市合川区、天津市滨海新区等地区预计在2011年也逐步推行网格化的社会管理模式。

案例点评

城市网格化的社会管理模式通过对现代信息技术的应用实现了政府职能的转变和管理的创新，同时也实现了对社会管理工作的新突破。通过这样一种管理方式，北京市东城区、朝阳区有效地提高了社会管理能力和服务水平。

城市网格化社会管理新模式的最大亮点在于它实现了对空间的精细化划分，同时对管理对象进行数字化的精确定位，对城市管理信息进行实时采集传输，以此来创造一种新的城市管理流程，建立一种新的城市评价体系。这样一种管理模式不仅创造出一系列的社会效益，而且还可以产生直接和间接的经济效益。在管理的过程中，城市中的各种社会经济资源、资源环境、以及各类公用设施信息同时被纳入管理框架中进行整合，实现了不同部门之间的信息资源交换和共享，集成了管理的协同工作平台，减少了城市管理中各专业单项管理平台的投资开发成本，避免了重复建设、信息分割的局面。这样的管理方式不但大大节约了日常管理成本，同时也使得管理工作更加细化、更加能够落到实处。

建立在数字信息化基础上的管理模式，使得城市各个职能部门之间的信息传递高效快捷，城市中的各种突发状况也能在第一时间被发现，这便大大降低了城市的维护成本；同时这种管理方式也使得组织人员的集约化分工配置成为可能，这就解决了传统管理模式下某一地区不同类别的问题、事件需要不同专业领域的专业人员分别进行监督管理的困扰，在网格化社会管理的新模式下，这些工作完全可以交给一名人员来完成，大大降低了人员的消耗。网格化的社会管理模式可以说是从不同层面上有效提高了城市的管理效率降低了城市的管理成本。

网格化的社会管理模式在其管理思想、方式和管理手段方面都是具有一定的进步性，不仅可以应用于城市管理，同时也可以将其用于其他领域的管理工作。然而，网格化的社会管理模式由于其发展历程较短，在实践中仍旧存在一些问题。例如这种新的网格化管理模式与旧的体制之间存在一定的摩擦；网格化的管理理念有待进一步提升；对人财物要求较高的管理模式可能对经济发展水平较低的地区难以适用等等，这些都要求我们在网格化管理模式的进一步发展中加以解决。

北京市石景山区新居民服务模式，创新流动人口管理方式

案例提要：我国当前正处于现代化建设的重要机遇期，随着社会主义市场经济的发展和城市化进程的加快，越来越多的人口流动在城乡之间。这些流动人口在为我国经济发展和城市建设做出了巨大贡献的同时，也带来了大量的社会管理问题。北京市石景山区苹果园街道创造性地建立了“新居民互助服务站”，在以人为本、服务为先理念的指导下，极大地改善了流动人口的生存环境，维护了社会治安、促进了社会和谐稳定。

案例介绍

一、问题的缘起

对流动人口的管理难，始终是北京市社会管理中一个无法回避的问题。

据统计，石景山区有常住人口 60.5 万人，其中常住流动人口达 22.3 万人，占常住人口总数的 37%。[①] 由于紧邻地铁 1 号线且地处城乡结合部，北京市石景山区苹果园街道辖区内常年流动着大量外地来京人员。苹果园街道现有人口大约 13 万人，其中流动人口就有近 5 万人。[②] 这些流动人口中有很多居住在苹

① 《以“新居民互助服务站”为载体　开创社会管理工作新局面》，载北京社会建设网，《石景山区“新居民互助服务站”工作经验发言》，2010 年 9 月 29 日。

② 《苹果园赛区：新居民的幸福生活》，载石景山网—北京石景山区门户网站。

果园地区的37个出租大院中。居住在出租大院中的流动人员来自全国各地，几乎涵盖各省、市、自治区。这些人员不但人员构成复杂，而且流动性很大，文化素质偏低，法律意识比较单薄，有些流动人口的工作极不稳定，而且还有不少的无业、待业等人员，从而导致一方面流动人群社区观念淡漠，另一方面给当地带来了比较大的安全隐患。

苹果园街道的这37个出租大院均坐落在相对偏远的角落，由于住户大多是外地来京人员，且流动性较强，在出租大院中，几十户人家共居一院，再加上各户的籍贯、风俗习惯等也各不相同，时间长了，难免就会出现各种摩擦和纠纷，而且由于这些原因导致邻里之间彼此互不关照，关系冷漠，造成社区居住环境脏、乱、差，人文环境不和谐甚至是缺失，不但对居住在大院的流动人口的生活产生了负面影响，而且本地居民的意见也非常大。

各个出租大院的内部管理都是相对独立的，而这些流动人口中大多从事第三产业且以经济谋生为主，为生计整日忙于奔波，早出晚归，他们对政策信息接受渠道相对比较闭塞，对居委会的管理和日常活动、街道的管理以及相关的宣传等都不甚关注。这就使有关的政策措施以及社会服务、社区服务等在流动人口中执行困难，对出租大院流动人口的管理以及街道社区管理造成了很大的困难。

流动人口数量大、分布广、常流动等特点给社会治安综合治理和警务工作的开展也带来了挑战。流动人口中最大的群体是进城务工的农民，他们的生活方式和思想观念与城市存在一定差异，会诱发与城市的矛盾。而且这个群体中的相当一部分人科技、文化素质相对较低，这就使得他们在城市中的适应能力不强，加之缺乏对流入地的归属感，一旦遇到挫折，这个群体中的很多人很容易会产生仇富、唯利是图、自卑等心理，甚至有可能走上犯罪道路。据调查，2002年北京市流动人口犯罪占犯罪总量的60.5%，2003年这一比例上升至62.1%。[①] 石景山区苹果园街道的37个出租大院的治安状况也不理想，扰民、盗窃、打架斗殴等事件时有发生。由于流动人口数量过大，派出所警务人员很难做到面面俱到，全面监察，在这种社会监管不到位的情况下，警务工作的开展遇到了很多阻碍，“打防结合，以防为主”的社会治安综合治理方针很难得到落实。

从流动人口本身来看，这个群体在社会中处于相对弱势的地位，经常会遇到许多依靠个体力量难以解决的困难和问题。流动人口职业技能低，适应能力不强，经常只能从事当地人不愿意从事的职业和工作。他们的工资水平也处于社会的中下层，有的甚至连日常生活问题都难以解决，这样的家庭在遇到疾病、灾祸时就有面临倾覆的危险。流动人口法律意识薄弱，法律知识匮乏，他们为北京市的经济发展作出了巨大的贡献，可是他们的合法权益却经常得不到保护。作为城市中的外来群体，流动儿童的入学问题一直是流动人口管理的一个难题。截至2006年底，北京市流动儿童的数量已经达到了50.4万人[②]，在这50多万儿童中，仍然有着相当比例的儿童被排斥在正规的学校教育之外。为了破解流动人口社会管理难这一难题，同时也能使外来人口能够真正地在北京安居乐业，苹果园街道在2009年开始探索实行“新居民互助服务站”这一使流动人口自我管理和服务的形式，取得了很好的效果。

二、主要做法

2009年6月，石景山区苹果园街道开始探索引导外来人口自治的形式，开展“新居民社区参与行动”，使用“新居民”这一新身份来称呼外来人口，并由街道流动人口管理办公室牵头，

① 陈心歌、颜九红、杨征军：《奥运安全视角下的流动人口犯罪问题——法律政策变动带来的挑战》，载《北京政法职业学院院报》2004年第1期。

② 《北京流动儿童超过50万——委员呼吁关注“第二代移民”的就业出路》，载京报网2007年北京两会专题，2007年1月2日。

在外来人口聚集的各大院成立新居民志愿者服务队，实现新居民的自我管理和服务。街道和社区居委会向新居民发放城市生活指导手册，向新居民开放社区服务的资源和设施，逐步培养新居民对社区、对街道的认同感，鼓励他们融入本地生活圈。同时探索形成新居民之间的互助、互动机制，引导他们承担社区责任，并参与管理社区的大小事务。

同年 8 月，苹果园街道流管办率先在琅山社区苗圃大院、边府社区城建四公司大院、西井社区教育局仓库大院等 7 个大院先后试点成立了 4 个“新居民互助服务站”。[①] 随后，在试点的基础上服务站的数量增加为 10 个。互助服务站的成员主要包括房东、社区协管员以及社区内新居民，实行自我服务、自我管理、自我教育和自我监督。由街道出租房屋管理站的工作人员兼任服务站的站长，由大院房屋承租者担任副站长，而服务站的巡逻队员主要是来京两年以上的新居民，统一着装，免费为大院的住户提供各种服务。服务站对新居民的信息进行登记管理以方便服务，做到“人来登记，人走注销”，也方便了管理。同时设置新居民意见反馈机制，根据反馈的意见不断改进服务工作。

互助服务站主要实现了三个方面的“新”：首先是新称谓，将流动人口亲切的称之为“新居民”，拉近流动人口与本地居民之间的关系；其次是新内涵，新居民实现自治式管理、居民式待遇、互助式服务。自治式管理就是在政府指导下实现新居民的自我管理、自我服务、自我教育以及自我监督。居民式待遇就是把流动人口视为户籍人口，同管理、同服务，在政策许可的范围内为他们提供基本公共服务。互助式服务，就是倡导新居民在互帮互助中文明相处；第三是通过新关系促进社区融合，即新居民与政府之间、新居民与原居民之间以及新居民之间的三类新型互助关系。[②] 政府在对新居民的就医、就业、就学等方

① 《石景山苹果园街道设立“新居民互助服务站”加强流动人口服务管理求实效》，载石景山区人民政府网站，2010 年 1 月 3 日。

② 《社会管理的“北京创新”》，载《北京日报》，2011 年 6 月 2 日第 A1 版。

面提供帮助的同时，新居民通过自己的智慧和辛勤劳动为地区生产、生活以及和谐稳定做出贡献。通过举办社区活动拉近新居民与老居民之间的关系，增强社区的凝聚力。新居民之间在日常的生活中形成互助互爱、和睦融洽的局面。服务站成立后，苗圃大院的新居民们聚在一起共同讨论制定了大院的《新居民公约》。2009 年 9 月 17 日，苗圃大院“新居民互助服务站”组织社区内新居民接受免费体检，这是服务站自成立挂牌以来举办的第一次集体活动，在新居民中引起了非常好的反响。①

“新居民互助服务站”的功能也在试点和探索中不断健全和完善。服务站首先把原本要流动人员自己办理的各项政府事务延伸进了出租大院，比如办理计划生育服务证、办理暂住证、进行流动人口的信息登记以及接受职业指导和工作介绍等，新居民有这些需要时，都可以坐在家中等待服务站志愿者上门服务。此外，服务站还不断延伸服务范围，越来越多的把对新居民的生活服务纳入进来。边府社区“新居民互助服务站”关注流动儿童的看护问题，将“同心希望家园”儿童活动中心作为流动人员子女的免费看护中心，由大学生志愿者和老师编写教案，教导孩子，为新居民免除了后顾之忧。在互助服务站的试点中还将社会组织、慈善事业承办的“三点半”学校结合到服务站的建设当中，让新居民家庭中的学龄儿童放学后在父母没有下班的情况下有学习、看管的地方，由来自中央民大、北工大的大学生志愿者帮助他们辅导功课。

2010 年初，习近平、刘淇、王安顺等中央和北京市领导先后对石景山区“新居民互助服务站”模式做出重要批示。鉴于苹果园试点“新居民互助服务站”取得的明显成效，石景山区开始对服务站的试点情况进行调研分析，进而在全区推广。到 2010 年下半年，全区已经在流动人口聚居的大院和地区建立了 64 个互助服务站，其中大院内服务站 57 个，楼房区服务站 7 个，互助队员 802 人。石景山流管办按照流动人口 3%～5%的

① 《石景山成立“新居民互助服务站”首次为新居民体检》，载《北京青年报》，2009 年 9 月 18 日。

比例组建了一只流动人口管理队伍，并在互助服务站内组建新居民互助服务队，由服务站内热心公益、乐于助人的新居民志愿者任互助队队员，负责日常治安巡逻、为住户提供服务等工作。①

"新居民互助服务站"在推广过程中实现了4个统一。第一是方案统一。2010年2月，石景山区流管办下发《关于在全区推广"新居民互助服务站"的工作意见》。8月，石景山区委办公室、人民政府办公室联合下发《关于进一步在全区推广和深化"新居民互助服务站"的工作意见》，在统一方案的基础上进一步推动了"新居民互助服务站"在石景山区的全面推广。第二是硬件设施统一。互助服务站统一标牌和服务队成员的服装，办公用品、主要文体用品到位。第三是组织建设统一。即统一站长、副站长以及服务队成员的构成体系。第四是规章制度的统一。在政策许可的范围内制定了服务站的工作制度、工作内容以及《新居民互助公约》等指导性文件。

2010年6月，石景山区举办了第一期"新居民互助服务站"站长培训班，增强了新居民自我管理和服务的积极性，加强了他们的工作责任感。这次培训提高了服务站的工作效率，充分发挥了互助服务站的工作效果。

在推广服务站的同时，石景山区注重发挥服务站的平台作用，依托服务站将计生、教育、卫生、劳动等服务工作统一纳入到服务站的工作范围，开展形式多样的服务活动。同时在全区推广发行"新居民一卡通"，这张一卡通发行的主要目的是为了方便外来人口，一卡通包含医疗、职业培训、就业、法律咨询、子女教育、计生工作等8项免费内容，凭借一卡通可以享受免费就医挂号、免费职业介绍、免费创业指导等服务，极大地方便了社区内新居民的生活。

服务站管理模式在全区开展、推广后，各街道、社区不断探索和创新服务站的形式，楼房区"新居民互助服务站"在全

① 何勇、季淑娟：《关于新形势下石景山区创新基层流动人口服务管理工作的思考》，载北京社会建设网，2010年9月29日。

区扎实推广。服务站最初建立的社区主要都是流动人口聚集的平房大院，随着城市化进程的发展，石景山区将对城中村进行拆迁，而在平房大院中的“新居民互助服务站”也将随平房的拆迁而“解体”，按照区政府的部署，石景山区所有的平房大院都将在5年内拆除。为了应对这一变化，继续发挥服务站的作用，石景山区经过调研，开始在楼房社区中推广“新居民互助服务站”。2010年3月，八宝山街道率先在楼房社区建立“新居民互助服务站”，服务站下设新居民法律服务室、新居民活动中心和新居民计生协会等组织。由于楼房社区内流动人员相对文化素质较高、经济收入水平较高，因此更容易也愿意融入到本社区与原居民的生活中，管理难度相对降低。

在服务站的推广和实践中，老山街道创新发展了“五员”工作模式，即计生服务员、活动联络员、卫生监督员、矛盾调解员、治安安全员，这五员由社区流动人口推举产生，并负责社区内各项服务和管理工作，充分发挥四个自我的作用，弥补了政府职能部门管理力量的不足。“五员”工作模式得到全区各街道的认可。目前，这一工作模式已经在全区范围内逐步推广开展。①

在服务站推广过程中，挂账社区的服务站建设也已经初具规模。鲁谷社区针对衙门口东、西、南三个挂账社区卫生状况脏乱差、治安混乱等特点，创新“三进入三依托”的模式，即计划生育进站、传统文化进站、法律咨询进站，依托社区文化节、“地域就业圈”、“益民读书会”，增强服务站与居委会、社区志愿组织、地区文体队伍的联系，既服务了流动人口，又推进了挂账社区综合整治工作。②

① 《以“新居民互助服务站”为载体　开创社会管理工作新局面》，载北京社会建设网，《石景山区“新居民互助服务站”工作经验发言》，2010年9月29日。

② 《以“新居民互助服务站”为载体　开创社会管理工作新局面》，载北京社会建设网，《石景山区“新居民互助服务站”工作经验发言》，2010年9月29日。

三、取得的成效

北京市之所以根据各区实际情况，重点在流动人口比较聚集的海淀、朝阳、石景山和丰台 4 个区推进“新居民互助服务站”模式，是因为北京市在调研中发现，这一从产生到发展尚不足两年的新模式，在对流动人口的管理和服务方面取得了不菲的成效。

第一，“新居民互助服务站”有效地配合了政府职能部门的工作，加强了对流动人口的管理。服务站将原先许多需要流动人口自己跑腿办理的政府事务延伸进了社区内部，新居民在家里就可以享受服务站志愿者上门服务。服务站通过搞一些活动和印发小册子来宣传政府的一些政策法规，有效降低了政府职能工作的难度。自服务站建立之后，办理暂住证、办理计划生育服务证以及流动人口的信息登记等工作变得容易多了，服务站还能够及时地了解到流动人口的婚姻家庭、就业等方面的情况，为政府相关部门制定政策提供了准确的指向标。

第二，“新居民互助服务站”对于社会治安秩序的良好运行以及社会治安的综合治理发挥了重要的作用，同时也降低了公安部门警务工作开展的难度。服务站的建立改变了以往的由于流动人口广分布、常流动、不摸底等特点所带来的警务工作难以有效开展的局面，服务站对社区新居民进行“人来登记，人走注销”，对外来人口的信息进行建档管理，服务站还能及时反馈流动人员基础信息的变化，方便了公安部门对社会治安加强管理。服务站成立后新居民之间沟通多了，邻里之间矛盾和纠纷显著减少，不但促进了邻里关系的和睦，还使得打架斗殴、赌博等不法现象显著减少，有效地维护了社会治安。据调查，所有纳入“新居民互助服务站”管理和服务范围的社区、大院都没有再发生过一起刑事治安案件。[1] 服务站的志愿者人员每天

① 《流动人口在石景山成为“新居民”》：载《北京青年报》，2010 年 6 月 30 日第 A1 版。

在大院、社区中巡逻，遇到陌生人就会上前询问，改变了以前“事不关己高高挂起”的思想观念，有效地防止了各类盗窃、抢劫等违法行为，这些地区发案率明显有所下降。

第三，随着“新居民互助服务站”的成立及其工作的逐步展开，逐渐消除了外来流动人口与本地居民的隔阂以及本地人口对外来人口的偏见，增强了社区的凝聚力，在改善社区、大院居住环境的同时，优化和提升了社区人文环境，为新居民和老居民营造了一个宽容、关爱、和谐的生活环境。据苗圃大院“新居民互助服务站”副站长杞文华介绍，服务站的工作开展以来取得很大成效，到大院里租房住的新居民之间、与老居民之间的关系变得十分融洽，住户发生吵架现象的，会及时有服务站队员进行劝阻和调解，邻里之间相互照顾、赠饭送菜等现象十分普遍。此外，服务站队员的巡逻工作也增强了社区居民的安全感。[①] 大院里新、老居民一家亲，其乐融融。

第四，“新居民互助服务站”为新居民整合了社会资源，极大地方便了新居民的日常生活，更好地解决了新居民最关心、最直接、最现实的利益诉求问题。服务站工作的开展真正地实现了新老居民同管理、同服务，为外地来京人员营造了一个温馨的“家”，淡化了流动人口游离于城市边缘而产生的自卑感。流动人口在城市中处于相对弱势的地位，很容易因为一些挫折、矛盾等产生各种心理问题，为了更好地关护新居民的心理健康，服务站经常开展各种文体活动、心理咨询讲座等。各街道相继成立了图书角，老山街道还成立了全区首家流动人口阅览室。此外，服务站还积极组织新居民参与社区的各种文体活动。在极大地丰富了新居民业余文化生活的同时，也舒缓了新居民的心理压力。苹果园街道为了帮助新居民解压，曾特地请来社区学院心理学教授为新居民开讲心理课程。服务站在反映和解决新居民诉求和意愿的同时，还尽可能多地吸纳社会组织加入到为流动人口服务的行列，帮新居民看护、教育儿童，为新居民

① 郑梦超：《大院里的新居民亲如一家》，载《中国消费者报》，2010 年 7 月 16 日 A3 版。

举办大型义诊和免费体检，对新居民进行职业技能的培训，联系举办招聘会为新居民介绍工作等等。截至2010年9月，拥有服务站的大院、社区内，共有6895名新居民通过组织的现场招聘会达成了就业意向，有726人接受了免费的就业培训，并有372人通过免费职业介绍找到了工作。[①] 这些活动增强了新居民对居住地的归属感和认同感，使他们能够真正地在居住地安心、稳定地工作和生活，不仅有利于社会治安综合治理，而且也有利于经济的发展和社会的建设。

案例点评

“新居民互助服务站”对人的管理是社会管理工作的一个重要方面。北京市作为一个外来人口高度集中的特大型城市，如何做好外来人口的管理和服务？这一问题给北京市社会管理工作创新提出了新的挑战。石景山区以“新居民互助站”为载体，创新流动人口的管理方式，开创了社会管理工作的新局面。

“新居民互助服务站”整合多方资源，让流动人口得以享受居民式待遇，增强了外来流动人口对居住地的归属感和认同感，在方便了相关部门开展工作的同时，也有效地降低了外来人口的犯案率。在此基础上，“互助服务站”实现了流动人口的互助服务和自治管理，调动外来人口参与社会管理和自觉维护社会秩序的积极性，有效地解决了政府部门在流动人口管理工作上投入高、见效低的不足。此外，服务站还密切关注和切实维护新居民的合法权益，解决新居民的后顾之忧，有利于经济的发展和社会建设。

“新居民互助服务站”在实践过程中取得了显著成效，但是由于其产生、发展的时间尚短，各方面的机制仍不够完善，相关法律法规体系仍不健全，在实践中也遇到了一些困难，这些

① 《以“新居民互助服务站”为载体　开创社会管理工作新局面》，载北京社会建设网，《石景山区“新居民互助服务站”工作经验发言》，2010年9月29日。

问题需要在实践中进一步探索和解决。同时，针对石景山区“新居民互助服务站”这一基层自治管理模式在实践与探索中所取得的经验及其出现的问题，结合当前流动人口管理工作的现状及其面临的新形势、新变化，对创新和完善流动人口管理工作提几点建议。

首先，要不断创新对流动人口服务管理的信念和工作形式，进一步总结、推广实践过程中值得借鉴的经验。要探索政府职能部门与流动人口管理工作的衔接机制，依托社区，充分利用好“新居民互助服务站”这一服务平台，完善流动人口的管理和服务工作。

其次，要加快完善和健全流动人口管理和服务的相关法律法规，针对当前流动人口管理工作面临的新形势、新变化制定符合实际、切实可行的政府法规，一方面要充分保障流动人口的各项合法权益不受侵害，另一方面也要使基层流管工作做到有章可循、有法可依，保证服务站的流动人口管理和服务工作有法律的依据。

第三，要进一步加强“新居民互助服务站”的队伍建设。针对服务站队伍组成的现状，加强对服务站工作人员的业务培训，不断提高其工作能力和应变能力。在面对流动人口的不同群体时，管理和服务工作具有多层次性、差异性等特点，而且流动人口的变动也比较快，只有加强队伍建设，才能更好地应对日新月异的流动人口管理工作，做到管理和服务工作的全覆盖、无遗漏。

第四，需要加强对流动人口的宣传和教育工作。流动人口自我管理、自我服务和自我监督的能力受到其整体素质偏低这一特点的制约，因此提高流动人口的文化素质对于流动人口的管理有着十分重要的意义。“新居民互助服务站”在下一步的工作中可以进一步加强对新居民的职业技能培训，为新居民提供更为完善的咨询服务，关注和解决流动学龄儿童的就学问题，提高流动人口的整体水平。

深圳市社会组织管理制度改革

案例提要：随着我国改革开放逐渐走向深入，社会主义市场经济不断完善，政府职能转变加快，促进了社会组织的快速发展。当前我国社会组织实行的双重管理体制在一定程度上不适应社会组织的发展。在市委市政府的支持和指导下，深圳市于2004年开始改革社会组织登记管理制度，他们对工商经济类、社会服务类和公益慈善类的社会组织，从双重管理体制变成到民政部门直接登记注册，同时各有关部门又依据职责加强监督管理和指导。这一改革有利于社会组织的培育发展，有利于推进政府职能转变，为社会组织在社会管理中发挥协同作用拓宽了空间。这项改革于2010年1月17日荣获第五届“中国地方政府创新奖”优胜奖。

案例介绍

一、问题的缘起

随着市场经济的发展，深圳的社会组织在行业管理和公共服务等方面的作用日益凸显，深圳市委市政府深切地感到完善的市场经济体制的发展离不开发达的社会组织体系做后盾。然而，“现有社会组织管理体制有两大病因：一是登记‘门槛’过高，大量社会需要的组织因找不到业务主管单位无法登记沦为‘非法’；二是政社不分，企社不分，社会组织行政色彩严重。”①

① 刘伟：《深圳社会组织小步探索 无主管直接登记》，《21世纪经济》，2010年1月。

其中登记“门槛”过高主要是由于中国社会组织登记管理采用“双重管理”体制造成的。也就是说，公民要想创办社会组织，除了要向社会组织登记管理机关登记注册以外，还必须有一个“业务主管单位”。但由于法律没有明确规定什么样类型的社会组织对应哪个部门，导致了不少社会组织找不到合适的“业务主管单位”，如果没有对口的行政机构作为主管单位，则社会组织只有两种命运：要不解散，要不长期处于难以合法生存的困境。社会组织不发达，不能承担其应有的功能，主要原因是管制措施过于严格，社会组织成立难，成立后生存也难。其实这种“双重管理制度”完全是计划经济下的社会管理思路，已经不能适应社会主义市场经济体制的发展需要，如果任由其发展，则很可能导致社会组织的“绝迹”。近年来，社会组织的登记制度也有一些改革，但是，正门始终不开，只开一个侧门让人绕着走。比如，允许民间草根组织在工商部门办理“民办非企业登记”，或者干脆就做工商登记。所谓“民非登记”依然有许多门槛；而工商登记则意味着，即便完全是非盈利的公益组织，也要交纳营业税。[①] 在这样的管理制度下，极大地打击了那些想做好事的人的积极性，或者使他们处于“非法做好事”的尴尬境地。

二、主要做法

深圳市对社会组织管理的制度改革直接在社会组织登记问题上松绑，从这个角度上来看，确实具有更大的积极意义。一方面不但促进了社会组织雨后春笋般地快速增长，也使那些想做好事的人有了法律的保护伞。从2004年始到2008年，深圳市在相关制度改革方面连续走了三个“半步”。首先是对行业协会放开，统一行使行业协会业务主管单位的职责，行业协会的人、财、物与政府部门全面脱钩，取消一个行业只能有一个协会的规定；其次是建立民间组织管理局，实行行业协会直接由民政

① 郭巍青：《深圳社会组织新政实现多赢》，《东方早报》，2010年1月。

部门登记的管理体制；再次是对工商经济类、社会福利类以及公益慈善类等三类组织放开登记，直接由民政部门登记，即不再需要行政主管单位，为推进社会组织民间化作出制度性安排。

第一个“半步”是2004年成立行业协会服务署，统一行使行业协会业务主管单位的职责，并以此为契机，强力推动行业协会民间化改革。其主要内容是：财务各行业协会在机构、办公场所、人员和财务等方面与原业务主管单位全面脱钩，切断各行业协会与政府各职能部门的行政依附关系，使行业协会真正拥有独立的社团法人地位。行业协会的人、财、物与政府部门全面脱钩。

根据《中共广东省委、广东省人民政府关于深圳市深化行政管理体制改革试点方案的批复》以及广东省机构编制委员会办公室《关于深圳市部分机构更名的批复》，设立深圳市行业协会服务署，副局级编制。深圳市行业协会服务署是负责培育、监管、规范、服务行业协会的市人民政府直属行政事务机构。其主要职能有：

（一）贯彻落实党和国家有关行业协会工作的法律法规和方针政策，组织草拟相关的地方性法规、规章，研究和制定促进行业协会的发展政策；负责对全市行业协会进行综合协调、指导和服务。

（二）培育行业协会，推动其改革与发展；依照法规或规定监管和规范行业协会的活动；推进和规范行业协会的自律监理。

（三）指导、规范行业协会为会员提供服务；指导行业协会开展交流与合作。

（四）经市政府授权，履行《社会团体登记管理条例》规定的行业协会业务主管单位的职能。

（五）促进政府及有关部门与行业协会的沟通联系。

（六）建立完善与企业对话沟通机制，提供高效优质服务等。

“民间化”是指还原行业协会独立社团法人地位，重塑政府与社会新型关系，推进行业协会改革和发展，使其组织结构、运作机制、管理职能向“自愿发起设立、按章程自主管理、服务以会员为主”的根本性转变。（《深圳市行业协会民间化工作实施方案》2004年12月24日）据不完全统计，截至2004年9月底，深圳市同行业或相关行业的经济组织和个体工商户自愿成立非盈利自律性的具有产业性质的经济类行业协会146家，说明行业协会的“民间化”已初具模型。[1] 同时，有相当部分的其他行业协会由原部门根据需要而设，其经费依赖原主管部门，资产界定不清等问题，迫切需要进行行业协会的“民间化”改革。其过程分三步走：第一步，到2004年底前，基本实现组织结构的“民间化”；第二步，2005年上半年，基本实现运作机制的“民间化”；第三步，自2005年下半年起，用2～3年时间，基本形成一支“民间化”的、按市场经济规则和国际惯例运作的行业协会群体。“民间化”的内容有：一是，组织机构的民间化，党政及其他国家机关的公职人员不得在行业协会中任职，行业协会与主管部门的办公场所要分开，行业协会要做到财务独立，单独建账。二是，运作机制的民间化，实现行业协会的“自主设立、自我管理、自律运行、自我发展”。三是，完成组织机构和运作机制的民间化后，要指导行业协会向高阶段发展，培育发展一批品牌协会，逐步形成一支按市场化原则和国际惯例运作的行业协会队伍。

第二个“半步”是2006年底，深圳市将行业协会服务署和市民政局民间组织管理办公室合并，组建深圳市民间组织管理局，深圳市行业协会由民政部门直接登记。这是中国最早也最彻底地实现行业协会民间化。

深圳市根据《广东省行业协会条例》有关规定，并结合本市实际，成立了市民间组织管理局，为市民政局下设副局级行政事务机构。原市民政局民间组织管理办公室的职能和原市行业协会服务署的职能划入市民间组织管理局，取消市政府授权原行业协会服务署的行业协会业务主管单位的职能。新增的职

① 深圳市政府：《深圳市行业协会民间化工作实施方案》，2004年12月。

能有：推动、支持民间组织参与社会管理和公共服务，促进、规范民间组织承接和履行政府部门转移或委托的有关职能；承担上级登记管理机构委托的在全国、全省性社会团体及其分支机构、民办非企业单位和基金会的日常管理工作职能。具体职能有：

（一）贯彻执行党和国家有关民间组织工作的法律、法规、规章和方针政策；草拟深圳市民间组织的政策、法规和民间组织发展规划，经批准后组织实施。

（二）负责全市性社会团体及其分支机构和民办非企业单位的登记和管理工作。

（三）负责监督社会团体和民办非企业单位的活动，依法实施年度检查工作，查处违法违规行为。

（四）负责查处本市范围内未经核准登记擅自以民间组织名义进行活动的非法民间组织。

（五）负责为民间组织依法开展各类活动提供综合协调和服务。

（六）推动、支持民间组织参与社会管理和公共服务，促进民间组织依法、规范、有序地承接和履行政府部门转移或委托的有关职能等。

根据上述职能，该局内设4个处：综合信息处、社会团体管理服务处、民办非企业单位管理服务处、执法监察处。党政相关机关在其职责范围内履行对相关社会团体和民办非企业单位的业务主管单位职能；行业协会实行无行政业务主管部门体制，政府相关职能部门在各自职责范围内依法对行业协会的相关活动进行监督和业务指导。

深圳市对双重管理体制进行了突破性改革，率先取消了业务主管单位，统一由民政部门行使对行业协会的登记和管理，实现了行业协会的彻底“民间化”。深圳在协会组织管理改革中实行的“五自”（自愿发起、自选会长、自筹资金、自聘人员、自主会务）和“四无”（无行政级别、无官方编制、无业务主管部门、无现职国家工作人员兼职），很好实现了与民间组织性质的真正对接。[1] 深圳在双重管理体制方面的改革的确具有标杆意义，在实现政社分开上开辟了一条新路。

第三个“半步”在2008年9月，深圳市进一步加大了改革的力度和步伐，深圳出台《关于进一步发展和规范我市社会组织的意见》，规定对工商经济类、社会福利类、公益慈善类社会组织实行由民政部门直接登记管理的体制。在此基础上，配合行政管理体制和事业单位改革，加大政府职能转变力度，重新厘定和规范政府、市场、社会三者的关系，着力从发展规范、职能转移、财政扶持等方面，加强社会组织建设。深圳市对工商类经济组织、社会福利类、公益慈善类三类社会组织实行“无主管登记”，被学者称为是社会管理领域的“破冰”之举。[2]

社会组织作为政府和企业之外的承担社会管理和公共服务的非盈利组织，在政治、经济、文化、社会建设中发挥着积极的作用。深圳市抓住其自身被列为国家社会组织“改革创新结合观察点”的重要机遇，旨在通过对社会组织管理制度的改革，建设与深圳社会经济发展需要相适应、门类齐全、层次丰富、架构优化、布局合理、覆盖广泛的社会组织体系。因此，在《关于进一步发展和规范我市社会组织的意见》有如下规定：除法律、行政法规定须由有关部门在登记前进行前置审批的社会组织外，工商经济类、社会福利类、公益慈善类社会组织的申请人可直接向社会组织登记管理机关申请登记。对主要在社区范围内开展活动的社区社会组织，实行登记备案双轨制，纳入监督管理。适度放开异地商会的登记和管理；允许本市行业协会、商会根据产业发展需要吸收异地同行会员；同行业可以按照产品类型、经营方式、经营环节及服务类型成立行业协会、商会。

深圳结合行政管理体制改革和事业单位改革，加强政策配套，加大政府职能转移委托力度，为社会组织的发展提供了良好的制度环境。在2008年9月出台的《关于进一步发展和规范

---

① 马庆钰：《政社分开与社会组织管理改革》，《行政管理改革》，2010年8月。
② 王烨：《深圳特区30年　三大平台培育民间组织》，《公益时报》，2010年9月。

我市社会组织的意见》中要求“对政府分离出的或新增的社会管理和公共服务事项，凡可委托社会组织承担的，通过政府采购等法定方式，向符合条件的社会组织购买。”2010年3月，又出台了《深圳市推进政府职能和工作事项转移委托工作实施方案》，对社会组织承接政府职能做了制度性安排。深圳市探索了不同的向社会组织购买服务的方式：一是政府采购；二是建立福彩公益金购买服务“种子基金”；三是协议购买。社会组织通过法律规定、合作协议与政府建立购买服务的关系；四是项目资助。如市财政出台《深圳市实施标准化战略资金管理办法》明确规定对行业协会参与标准化制定给予专项资助；五是定向委托。对部分重大事项，政府制定具有代表性的品牌社会组织承担。例如，深圳市政府出资1亿多元，委托深圳市家具行业协会、钟表行业协会、服装行业协会、黄金珠宝首饰行业协会等建设了9个行业技术和公共服务平台，发挥行业协会在产业发展中的“助推器”作用。

三、取得的成效

曾为改革开放“领头羊”的深圳，在对社会组织管理制度进行改革与创新时，再次走到了中国建立公民社会和责任政府的前列，取得了积极的成效。

（一）社会组织的数量迅速增长。从“双重管理”变“一元管理”后，深圳社会组织数量显著增加。民间自发的社会组织登记注册难，严重妨碍了社会组织的发展。自实行“一元管理”和社会组织登记管理制度改革后，深圳市一大批民间发起的社会组织获得了合法身份。2002年，深圳市社会组织有1486家，截至2010年6月，已增长到3862家，涵盖工商经济、科学研究、社会事业、慈善等各个领域。深圳每万人拥有社会组织数量达4.2个，大大高于全国每万人拥有2.7个社会组织的整体水平。[①]

深圳市民政局局长刘润华认为，民政不改革难有新突破，深圳不改革就不是特区，没人担责任就没有改革。2011年1月11日，“深圳壹基金公益基金会”在深圳市市民中心正式揭匾，影星李连杰创办的壹基金取得公募基金会身份。李连杰在2006年底成立壹基金计划，这虽是慈善公益计划，但却无独立法人资格，而是从属于中国红十字会的专项基金。随着壹基金的规模越来越大，其社会知名度越来越高，2008年10月，李连杰在上海成立了李连杰壹基金公益基金会。2010年9月，上海市民政局方面提出，壹基金计划向公众募集的资金，却拨往非公募基金会使用，没有法律依据。这个消息如晴天霹雳，对壹基金是一个致命的打击，因为这关系到壹基金的生死存亡。李连杰在央视的一期《面对面》节目中称壹基金“这孩子虽然还健健康康的，但它没有身份证，没上学，在月子里没事，可目前它就会被希望中国公益慈善事业更加专业化透明化发展的人质疑了”。

“从2007年五六月份的时候，我的头发突然开始变白了。因为要想很多方法去走这条路，那时候白天也想，晚上也想，吃饭也想，睡觉都想。”电视机前的深圳市民政局局长刘润华突然意识到：壹基金都“快要中断了”。经过思考，他主动致电民政部社会事业和慈善救济司原司长王振耀，希望转告李连杰，邀请壹基金落户深圳。李连杰派出壹基金秘书长杨鹏从北京到深圳商谈，整个审批只用了五天，壹基金正式落户深圳。不久后刘润华接到了民政部部长李立国亲自打来的电话，支持壹基金落户深圳，“深圳干了一件有意义的事，希望深圳坚持改革不动摇。”后来，陆陆续续包括壹基金在内，已经有七家类似的基金会在深圳注册成立，其中还有广东省内转过来的。

（二）社会组织的服务职能增强、社会地位不断提高。随着深圳市社会组织管理制度的改革，社会组织的实力和活力不断

① 程军祥、邓勇峰：《全民慈善促中国慈善转型》，《深圳商报》，2010年10月。

增强，职能不断扩展，通过政府购买服务，获得大量的政府资助，进一步发展壮大，政府与社会组织之间形成了良性互动。深圳市物流与供应管理协会在2003年时只有7名专职人员，现在已经扩展到61名专职人员，并与多部门建立了良好的合作关系，每年来自政府购买服务的资金高达450多万元，占协会收入总额的2/3。2008年，全市社工机构共获得市、区两级政府购买社工服务的经费达到5000多万元。社工岗位从最初的33个增加到734个，服务领域从民政扩展到教育、司法等十多个领域。深圳提出“增量改革”的思路，主动为社会组织让渡空间，通过转移职能和购买服务的方式与社会组织合作，促进社会组织发展。深圳市民政局局长刘润华说：“只要社会组织能提供的社会服务，原则上不再设立新的事业单位、不再提供新的事业编制。”从2006年开始，深圳就不再考虑兴办新的官办养老机构，致力于鼓励社会力量开设社会福利机构。2006年11月，深圳市首家民办社会福利机构——敬夕阳颐养院接受了民政局从福彩公益金中支出的44万元资助。刘润华说：“民政部门准备向社会组织购买服务，谁好谁做，谁做不好就另请高明。”

深圳市社会组织利用联系面广、与企业和群众接触度深的优势，在提供公共服务，扩大就业，缓解社会矛盾，消减社会冲突等方面也发挥了积极作用，促进了社会融合。富士康事件中，深圳市24家社工机构共派出360名社工介入危机治理。教育类民办非企业也非常多，解决了众多农民工子女的上学问题。

社会组织社会作用凸显的同时，其政治地位也日益提高。2008年，深证市颁发的《关于进一步发展和规范我市社会组织的意见》中明确提出，在党代会、人大、政协增加社会组织的代表比例和功能界别。目前，在省、市人大代表和政协委员中，除有8人是社会组织的专职负责人之外，还有80多人有社会组织背景。社会组织的社会地位和政治地位，得到空前的提高。

（三）促进政府职能转变、降低行政成本。长期以来，公共服务主要是由政府在唱“独角戏”，政府不仅要投入大量的人力、物力、财力，但取得的效果并不是那么“尽如人意”。深圳市大胆改革社会组织登记管理制度，创新培育扶持措施，推进政府职能转移委托和购买服务，引导社会组织广泛参与社会管理和公共服务，使政府实现从一元管理到政府与社会多元管理的转变，不但促进了政府职能的转变，也降低了行政成本。

政府把一部分职能交由社会组织，这样就可以精简政府人员，降低政府负担。政府可以全力投入到公共服务的规划、资金安排和监管中去，促进了政府职能的转变，加快服务型政府的建设。由专门的社会组织为民众提供有针对性的服务，也解决了政府提供公共服务时“众口难调”的弊端，可以最大限度地满足服务对象的多元化需求，又能充分发挥市场机制的作用，通过市场竞争，提高提供社会服务的效率和质量。商务部和市政府委托市零售商业行业协会，编制5个全国零售行业标准，每个标准仅用了13.5万元，如由政府制订至少需30万元；[①] 深圳市福利中心以低于自身服务成本一半的价格，将25个残障儿童委托民办的华阳特殊儿童康复中心代养，大大降低了服务成本。这说明，深圳将更多的事务委托社会组织管理后，极大地降低了行政管理成本，提高了行政效率。

（四）提高了公民参与的能力。深圳市通过对社会组织的引导，使公民对社会管理和公共事务的关注和意愿表达纳入法制化轨道，提高了公民参与社会事务的能力。如社区老年文体组织、邻里互助会等，培育了公民的志愿精神，增进了邻里间的感情及公民对社区的归属感。2008年，桃源居社区居民参与社会组织的比例达到67%，形成了自我管理、相互服务、彼此理解、共同关爱的桃源居社区精神。同时，这些社会组织也使公民在精神文化领域和生态文明领域受益。一些学术类社团和民办文化服务机构，是公益性文化建设的重要主体，为市民提供了丰富多彩、健康向上的文化产品和服务，推动了深圳市的文化软实力建设。同时，市节能协会引导企业进行整体节能改造，

① 何晏：《基层政府对草根组织认识改变良性互动局面显现》，《半月谈》，2010年12月。

改造后年回报率在30%以上，节能率在25%以上，[1] 进行改革后社会组织促进深圳生态文明建设的例子也是比比皆是。

案例点评

深圳市对社会组织管理制度进行改革，很好地体现了“政社分开、企社分开”的原则，通过对社会组织性质、地位和作用的重新认识，明确了其作为市场经济体系不可或缺的一环和社会治理的主体之一的地位，同时也明确了政府、市场和社会三者的定位，社会组织参与社会管理的职能逐步增强，弥补了政府和市场的缺陷。逐步丢掉“婆婆”的做法，培育了社会的自治能力，促进了公民社会的成长，值得在全国进行推广。2010年1月17日，“深圳市社会组织登记管理体制改革”荣获第五届“中国地方政府创新奖”优胜奖。清华大学公共管理学院教授王名评价说，深圳在社会组织登记管理方面的探索非同寻常。“它实际上是探索将原有的双重管理体制转变成为一个统一的管理体制”，王名说，“经过这一次的体制整合以后，呈现在我们面前的是一个统一的、一元的管理体制，这是一个质的飞跃，而且是一种巧妙的创新。”[2]

深圳市在推进社会组织发展和政府职能转移方面虽取得了较大成绩，但仍有不少问题急需解决：

一、政府职能转移需要完善有关标准。政府购买社会组织服务的年度财政经费预算有很大的不确定性，在经费的预算、拨付、使用等环节还没有一套明确的标准。对社会组织的政府资助标准和奖励尚未制度化，没有明确的依据。同时，仍有一些部门虽痛切“大包大揽”的牵累，但却不热心职能的转移，对社会组织“不重视、不信任、不放手”，认为社会组织不发达，不足以承接其转移的职能。如果部分政府总是有这样的担

① 马宏：《深圳社会组织促进低碳经济的作用与建议》，2010年6月。
② 詹奕嘉：《深圳的社会组织新政》，《瞭望》，2010年9月。

心，承接被转移事项的社会组织就很可能永远长不大。

二、社会组织本身的能力有待提升。深圳市社会组织的发展虽已走在了全国的前列，但其社会组织还并未成熟很快就能顺利承接政府所有被转移的事项，总体上还处于发展的初级阶段，与发达国家相比，数量偏少，服务能力和水平有待进一步提高，内部治理结构还不够完善。

三、政府对社会组织承接转移职能的完成情况要进行有效的监管。目前，政府要完善对承接职能的社会组织完成的质量、资金使用情况等有效的监管体系，这样才能保证社会组织公共服务的质量，进而维护群众享受社会服务的公共利益。

深圳市宝安区桃源居服务型自治社区管理创新

案例提要：随着社会主义市场经济体制的建立和完善，计划经济体制下“单位制”的管理方式已经不适应新的形势而趋于瓦解，“单位人”变成“社会人”。大量体制内的人成为体制外的人。但是，无论人们在哪个部门、机构、企业工作，都必须在一定的地域居住。因此，在新的历史时期，社区将取代“单位”的管理功能，而成为新时期社会管理的载体。党中央要求，进一步加强和完善基层社会管理和服务体系，把人力、物力、财力更多地投向基层，强化城乡社区自治和服务功能，健全新型社区管理和服务体制。深圳宝安区桃源居社区在社区服务和管理方面探索了“服务型自治”的社区建设模式。对其他地区的社区建设有借鉴意义。

案例介绍

一、问题的缘起

深圳桃源居从一个紧邻垃圾填埋场、缺水无电的问题小区成为荣获联合国人居奖的宜居社区，其所走过的道路，以及其中的经验教训，即是我国社区建设的典范样本。

我国社区的开发前期，一直存在着一个掣肘性的问题，即开发前期公共设施的配套建设问题。几乎所有的开发商都只知道围绕土地做规划，实现土地利益最大化，拿地、造房、圈钱，这“三部曲”一旦唱完，开发商也就拂袖而去，留下一大堆解决不了的社区问题蜕变成社会问题后最终遗留给政府。这个问题影响着政府公共管理中社会资源的组合、公共服务的到位、社区服务以及社区居民的福利，是社区管理及服务的基础工程。在这一工程中，首当其冲的是规划的平衡秩序；其次是公建设施配套合理。这是社区公共管理的前提和基础，也是我国大多数社区尚未解决的问题所在。桃源居社区走出了前期社区开发的误区，提供了以人为本、规划先行、设施健全的建设典范。

桃源居是1992年在深圳航空东区1平方公里的土地上开发出来的。当时，这1平方公里的土地位于5座荒山野岭之中，紧邻深圳市最大的垃圾填埋场。1997年当第一批小区建设完成，最早入住的居民面临着无电、无水和垃圾场环境污染的问题，同时，没有政府派出单位进驻社区，导致社区内治安不稳，居民缺乏安全感，社区缺乏公共服务设施。在这种情况下，业主们自发地建立起自己的组织，共同应对社区生活中的困难，以自己的力量来满足自己的各种需求。在居民自救精神和追求美好生活的执着精神的感动下，桃源居集团摆脱了开发商的窠臼，下决心积极参与到桃源居社区的建设、服务和管理中来，不仅为居民提供可以栖身的住房，不仅为居民提供衣食住行等基本的生活服务，还要为社区居民提供健康娱乐、环保卫生、安全稳定、居家养老、妇女发展、儿童照顾、公民维权乃至就业机会等全方位的社区服务。融合政府、居民和开发商各自作为的桃源居社区服务型自治模式由此产生。

二、主要做法

桃源居社区占地1.16平方公里，总建筑面积180万平方米，1992年立项，1994年开始动工建设，规划居住人口5万，现居住人口超过3万人，社区由深圳市宝安区政府派驻社区工作站和居委会负责社区政务管理，社区的开发由深圳政府引进的澳大利亚万丰公司全额投资，按卫星城镇的功能规划设计，深圳航空城（东部）实业有限公司负责开发建设。

开发遇到的最初问题是桃源居因紧邻机场受航空限高限制，最初的规划根本不可行，加上市政配套跟不上，水、电、路和垃圾场问题迟迟得不到解决，为开发商带来巨大的损失。开发商不得不9次调整规划，重新为项目功能定位，即居住区、教育区、商贸区、旅游区。最大限度地满足了市场和居民的生活所需。2000年，深圳市规划国土局宝安分局接受航空城公司股东双方因航空限高等原因而调整规划的申请，于2000年6月27日下发“深规土宝字〔2000〕138号”文《关于中华商贸城控制性详细规划（调整）方案的批复》，批准中华商贸城（即桃源居）项目总体指标：平均容积率从2.5调整为1.84，总建筑面积从238万平方米调整为166.5万平方米。公共配套设施建筑面积调整为56000平方米。共计核减航空城公司已付地价面积指标72万平方米。

航空城公司为完善桃源居社区配套设施的建设，在2001年后分别为满足桃源居社区居民日益增强的停车需要和满足国家对公民防护地下室建设的要求，第一，将航空城公司计容积率且已付地价的商业规划面积70212平方米调整为计容积率的地下室面积（并经规划与国土资源局2004年4月批准）；第二，增加建设了公民防护地下室38092.7平方米（该公民防护地下室规划于2004年9月由区人防办批准）；第三，为满足社区对教育设施的需要，合同外多增加建设92800平方米的归学校所有的国际部和民办部。

同时，航空城公司在桃源居社区向政府提供可销售商品房和用地，建设了女子学校、社区工作站、社区党委用房、社区居委会用房和业委会用房，在11区提供已付地价用地建设二次加压泵站等设施共占地面积1100平方米、建筑面积2846.55平方米，并在前进路上建设二座人行天桥市政等设施。

另外，航空城公司在合同用地外另行申请用地，建设了中华商贸城公交首末站、体育公园、体育会所，该类项目共占地46998平方米、建筑面积4400多平方米。实际合同外增加配套总建筑面积达115551.25平方米（如计算含学校增建的国际部和民办部92800平方米，共增建203951.25平方米的公建设施，其中属已付地价的商业面积转为车位面积70212平方米，原合同地价达9829.6万元）。

中华商贸城即桃源居项目在开发运营过程中，不但严格按“深地合字（1994）4－001号”土地使用权出让合同执行应该承担的公建配套设施建设；还根据社区经济的发展和居民生活需求，增加公建设施配套项目；并努力发挥社区公建配套设施作用，为社区服务建立了公建设施营运机制。

建成后的桃源居社区逐渐成为了由“一个社区、两个市民广场、三大公园、四大功能分区、五个社区会所”组成的深圳第一大社区。

宝安区委为了落实党中央、广东省委、深圳市委“夯实和谐社会之基”战略，专门成立了“和谐社区建设办公室”，以指导、协调宝安区内和谐社区的建设。

和谐社区建设办公室在充分调研，反复论证的基础上，选择条件比较好的桃源居社区作为“政府扶助、引导，企业投资、建造，居民与开发商、物业公司共同营运之和谐小区”试验田。

经过2002年至2006年五年的努力，深圳宝安区政府在桃源居社区建立了社区党委、社区工作站、社区服务中心、社区居委会、业主委员会、物业公司六类组织，构成了桃源居“社区公共管理与服务”的模式，称之为“六位一体公共管理与服务”模式。

在“六位一体公共管理与服务”模式中，这六大组织，分别代表着党、政府、开发商和居民，体现了各方对于社区建设的参与。其中代表党的是社区党委，代表政府的是社区工作站，代表开发商的是社区发展服务中心和物业公司，代表社区居民的则是社区居委会和业委会。

社区公共管理和服务是一项系统工程，必须切实整合好各参与主体的力量。“六力合一”，正是桃源居社区通过党委核心力、政府推动力、社会参与力、企业运作力、社区自治力和业主共建力的互动整合，进一步摆正了党委、政府、社会、社区、企业和物业这六种力量的相互关系。

宝安区政府从桃源居社区试验田中探索出“党的领导、政府管理、企业投资、居民共建”的建设和谐社区模式。

“党的领导、政府管理、企业投资、居民共建”，体现在四个方面：

1. 党的领导：桃源居成立了全国首个外商投资的社区党委，下设居委会、学校、居民和物业公司等4个党支部，宣传贯彻党的路线方针政策和国家法律法规，领导、组织、协调社区内各种组织。

党的组织是社区建设的领导者，实现党领导社区，必须有相应的领导体制和组织体制。建国以来，我国形成了执政党管理基层社区的一整套领导和组织体制，十分有效地发挥了积极作用。随着经济、社会的变迁，社区及社区管理在整个社会管理中的地位日趋重要，在党领导社区的领导体制方面，最重要的问题就是处理好党组织和行政体系或基层自治组织的关系。在居民区的层次上，党组织的领导体制就是要解决居民区党支部和居民委员会的关系问题。我国执政党的基层组织建设延伸到居民区的层次，就是所谓“支部建在居委会”的体制。居民区党支部和居民自治组织的关系，在原则上同样沿用上级组织的做法即居委会的活动要在居民区党支部的领导下进行。

桃源居社区党委有九项职责：第一，宣传贯彻党的路线、方针、政策和国家的法律法规，执行上级党组织的决议，团结、组织党员群众完成本社区所担负的各项任务。第二，主持召开社区工作会议，协调社区内各种组织，研究决定本社区建设、管理和服务等方面的重大问题，并交有关组织落实处理，处理好社区有关事务。第三，领导社区居委会、工会、共青团、妇女、民兵等群众组织。第四，加强党组织自身建设，搞好党员教育管理，做好发展党员工作，发挥党员在社区建设中的先锋模范作用。第五，按照街道工委的要求，做好社区党组织、社区居委会组成人员及其他社区工作人员的教育、培训、考核和监督工作。第六，密切联系群众，反映群众的意见和要求，搞好各项服务。第七，组织、指导、协调社区工作站、社区居委会、业主委员会、物业管理公司及其他社区成员单位，搞好社区共建。第八，协调管理辖区内企业退休党员、下岗失业党员，并对新经济组织和新社会组织党组织进行指导。第九，努力探索对在职党员社区表现进行监督的新方法，对居住在社区内的各党政机关、企事业单位在职党员工作以外的情况进行监督。

在上述的九项职责中，我们不难发现桃源居社区党委在所有社区内的组织中，居于首要地位，领导着其他各类组织。解决了党领导社区的体制问题，明确了党的职责和任务，正确处理了党组织与政府行政组织和社区自治组织的关系。为公建设施的运营提供了领导保障。

2. 政府管理：桃源居社区工作站承接原居委会承担的行政职能，开展治安、卫生、人口、计生、文化、法律、环境、科教、民政、就业、维持稳定、综合治理等管理工作。

桃源居社区工作站是政府（西乡街道）利益体现的组织机构。它的职能主要有三：第一，承办政府职能部门在社区开展的治安、卫生、人口、计生、文化、法律、环境、科教、民政、就业、维护稳定、综合治理和离退休人员管理等工作。第二，承办由区政府确定需要进入社区的其他工作事项。第三，积极配合、支持和帮助社区居民委员会依法履行职能，支持社会力量开展便民利民的社区服务。社区工作站的三项职能，使政府的公共服务在社区得以实现。不管是君主立宪制下的政府，还是共和立宪制下的政府，只能是以提供公共服务为己任，这是世界自立宪制度建立300多年来的历史现实。公共服务的到位，使政府行政组织实现了组织的归位。

3. 企业投资：桃源居开发企业超出了原土地出让合同中增加投资3.8亿元用于配套设施建设。捐资1个亿成立了全国首个社区发展基金。

我们讲的企业参与是企业参与社区建设。一般而言，企业作为社区的一分子参与和关心社区建设，不直接实施对社区的管理。但是，当政府管理效率低下时，可以委托企业代管。这既符合政府公共服务的运行机制，又有利于社区发展和企业社会责任的培育。桃源居社区发展服务中心正是这样一个组织。它适时而成立，源于社区内不同的三类产权的公建设施的管理。

桃源居把社区内面积共达36.4万平方米公建配套设施的权属开创性地依照法律和契约关系界定为三类：第一类是国有资产，即征地合同内的公建设施。这份产权在政府管不好、也管不了的情况下，交由社区发展服务中心管理；第二类是私有资产，此类资产又分为两类：一类是开发商在征地合同外增资建设的公建资产，其产权、经营收益权归开发商所有。另一类是业主所有的私有公建设施，即依据楼宇买卖合同约定，归小区业主所有的公建资产。第三类是社区集体所有公建资产，也是社区发展中心所要经营管理的资产。这部分资产，产权原本归开发商，但开发商为了发展社区经济，培育社区税源，建立社区福利，完善社区服务，决定在结束开发时，移交给社区发展中心来经营管理，其所得收益将用于社区内特定群体的公益、福利和慈善事业。其实现的途径是“五个一点”，即在社区党委的领导下，政府管理、企业投资、居民共建。以“五个一点”形成社区公建运营的制度规范；借鉴现代企业组织形式，成立非盈利性的社区经济发展中心，使之成为社区公建运营的主体，开发社区资产，使之立足于社区、服务于社区又用之于社区。使社区公建资产真正做到主体社区化、运作市场化、收益公益化。

企业参与社区建设，特别是投资于社区的公建设施，是中国社区发展中的一大难题。参与可被定义为在决策过程中人们自愿的民主的介入，包括“确立总目标，确定发展政策、计划，实施及评价经济及发展计划；为发展努力做贡献；分享发展利益”（Poppee，1992）。上述定义多是从某个角度出发定义参与，未能清楚地给出参与的本质或带有普遍意义的定义。所谓参与，就是在一个事物或一过程中担当一个角色，以一种或多种形式发挥作用。如果身处事物或过程之外，没有进入事物或过程中成为其中的一分子，就谈不上参与，因为它没有参与的对象，即参与什么。社区参与，是参与的概念在社区中的应用，是专指对社区范围内公共事务或过程的参与。公共事务或过程涉及个体利益，但它又不限于个体利益。它既可以是社区内各类成员的参与，如居民个人、社区各级各类组织、驻社区单位的参与，也可以是社区外组织或个人深入到社区内的参与，如政府、各类社会团体、企业、公民个人到社区内的参与。强调、动员和组织社区参与是构建和谐社区的必要条件。没有桃源居“五个一点”的措施，缺少了企业的参与，桃源居社区公建设施的运营将成为泡影。这是桃源居社区重墨写在中国社区建设史上的经验。

4. 居民共建：桃源居社区居委会、业委会和社区义工站是社区居民自治、居民共建的三大核心组织。社区义工站有 9 个义工组织，义工成员达 1000 多人。

政府公共服务的实现，使社区居民自治成为可能。桃源居社区居委会是作为社区居民自治的组织，主要实施的功能是居民的自我管理、自我教育、自我服务和自我监督，其成立的合适条件，是居民具有了社区意识和社区归属感。

业主委员会是作为社区内业主的利益维护组织，是居民维护自己合理的“物权”的组织，其成立的合适条件，是社区基本建成，居民具有了“家园意识”。社区居委会和业主委员会作为维护居民利益的两个重要组织，在社区居民自治中具有非常重要的作用。2005 年 11 月，桃源居社区居委会和业主委员会聘请专职律师和会计事务所对物业公司及开发商进行专项审计。此次审计内容包括 9 大项 20 多个小项目的内容，涵盖开发商成立至今的 13 年历史账目。该项审计得到了开发商的合作，结果在 11 月中旬公开宣布，结果显示，开发商在长期低物业费的情况下，为社区的稳定和发展投入了巨大的资金，这样，既解决了业主心中的疙瘩，业主最终集体决定适当调高物业费，以保证家园的正常运转；同时，物业公司和开发商也对自己的服务做出了更多的承诺。最终，这次轰动一时的“审计”以开发商和社区业主的“双赢”而结束。在中国社区发展中，社区居委会和业主委员会联合起来共同审计开发商和物业公司的是第一家。明确了公建配套设施的实质和运营状况。开中国社区建设之先河。

另外，桃源居提出要把“文化、教育、环境”融为一体，相互促进，相互影响。

桃源居社区在提炼出“文化是社区之魂”的基础上，又总结出“教育是社区之根”的理念。探索出一套学校教育、社区教育与家庭教育相结合的终身教育体系。它将社区变成了一个“大学校”，使社区文化建设、居民文明素质的提升有了一个强大的载体。这是一份终身“爱的保单”：桃源居社区的孩子从一出生，在符合条件的前提下，可享受到幼儿园、小学、中学乃至大学预科的一条龙服务。此外，还有女子学校、老人大学等社区终身教育体系。

“建筑有文化、环境有教育”是桃源居硬件设施上的一个特点。桃源居在总面积超过1万平米的架空层里，打造了一个“架空艺术长廊”，在大面积绿化、低密度容积率为特色的基础上，区区设置寓言故事雕塑，市民广场还建有《桃花源记》、《孟母三迁》等大型文化墙。徜徉此境，移步换景，这些近在咫尺、俯拾皆是的文化环境，是最好的“文化磁场”和教育素材。孩子们拉着大人的手，漫步“架空艺术长廊”，领略中华上下五千年文明，艺术作品所承载和表达的中华民族传统精神文化内涵，潜移默化于心。

三、取得的成效

几年来，桃源居社区无一例业主之间因纠纷而诉诸法庭，社区内无一业主参与刑事犯罪，社区也无黄、赌、毒，2002—2004年连续三年被深圳市授予“安全文明小区标兵单位”称号。2005年9月16日，全国妇联副主席莫文秀到桃源居调研后，兴奋的称其为“平安家庭创建之星”；2005年8月30日，在马来西亚首都吉隆坡，桃源居以拥有杰出成就的社区品牌当之无愧地荣获“中国国际花园社区”。2005 年 9 月 25 日，桃源居荣获由联合国国际交流合作与协调委员会颁发的“全球理想人居社区奖”，同年，桃源居荣获“2005 国际适合人类居住社区大赛总决赛”金奖；并被广东省评为“红旗示范社区”。联合国副秘书长一行在参观考察了桃源居社区后，无限感慨地说：“桃源居取得的成就令世人震惊！桃源居虽汲取西方 40 个国家的先进社区经验而建设，但今天的桃源社区要令西方人来好好学习”。

桃源居的社区建设主要取得了三方面的工作成效：

1. 管理有序。

（1）社区党建扎实开展，社区党员组织生活开展正常，党支部党员大会至少每三个月召开一次，党支部委员会每月至少开一次，经常参与社区志愿服务活动，参与人数占党员总数80%以上。

为了实现“缔造五万人的幸福生活”这个世外桃源的目标，桃源居开发商不仅在社区环境建设和公共服务设施上舍得投入巨资，在社区文化、教育、体育、公共卫生、社区福利方面倾力扶持，而且在社区公共管理的理论建设方面大胆探索、不断创新，成功摸索与总结出了符合中国国情、融中西社区建设与公共管理精华于一体的“桃源居社区发展模式”。

经过几年的学习和积累，在各级政府主管部门和外国专家的指导下，从 2005 年 9 月开始，桃源居的社区公共管理与服务体系、福利体系、社区文化体系、社区教育体系、社区公共卫生服务体系、社区安防体系、社区居家养老体系相继出台。

2005 年 9 月，社区党委、集政府多项职能于一体的社区工作站和以发展社区公共事业为宗旨的社区民非组织——桃源居社区发展服务中心同时成立。自此，由桃源居党委、工作站、居委会、社区服务中心、业主委员会和物业管理公司组成的“六位一体”的社区公共管理与服务体系正式运行，从而形成了被国家民政部、全国妇联等八个部委办领导和专家一致认可的“党的领导、政府管理、企业参与、居民共建”的桃源居社区公共治理模式。

桃源居的“五点政策”模式（即政府划拨一点、企业赞助一点、物业公司补贴一点、社区民非组织运营赢利赚取一点、社区义工参与家园共建降低运营成本贡献一点），为中国在类似问题的解决上提供了全新的思路。

(2) 在社区治安方面，桃源社区设立了警务室，配备了8名民警。采取了公安分局、派出所、社区警务室、居委会和物业管理公司“五级共建”，实行社区民警、巡防员、保安员及业主组建的社区义工安防员“四级联防”安防管理机制，充分发挥了区公安分局、派出所、警务室、居委会和物业公司的治安管理职能，使民警、巡防员、保安员和由300多名业主组建的社区义工安防员人力资源得到了最大利用，做到了群防群治，齐抓共管。历年来，桃源居社区无一例刑事案件，无一例家庭因民事纠纷而走上法庭，无一例未成年犯罪发生，无一例拐卖儿童案件，无黄、无赌、无毒而成为一个有关爱、有互助、有良好的社会风尚、有较高的生活指数的国际型文化与理想人居社区。

(3) 社区民主法治工作有效开展，民事纠纷调解率达100%，调解成功率达99.8%。为了提高社区居民的法律意识，桃源社区经常性地开展形式多样的法制进社区的宣传活动。利用电影、文艺演出、编印图文并茂、内容丰富的法制读物；在各个小区宣传栏张贴普法宣传海报；发放宣传单和图片等大造宣传声势，配合政府中心运动悬挂横幅标语；协助公安、司法、检察、税务、工商等部门在社区设立法律宣传咨询台，落实律师法律服务进社区，为居民提供法律服务和法律援助；居委会在社区女子学校设立有一个居民普法课室每年举办法制教育宣传讲座10多场次；同时在社区设有300平方米的图书阅览室，各种法律书籍数千册，满足广大居民群众和外来人员进一步掌握法律常识的需要。让社区居民学法、懂法、守法、用法，法律素质不断增强，社区工作人员遵纪守法，依法依章办事，社区法治化管理水平逐步提高。

2. 服务完善。

（1）在社区就业方面。建立了社区失业再就业保障体系，打通了驻社区企业与居民之间的就业渠道。社区对符合政府政策条件的人员优先安排工作，对特别困难、下岗职工等，适时利用辖区内的社区服务中心、物业管理公司、人人乐商场等社区经济组织全部解决其就业问题，目前社区内无失业人员。桃源居开发了18万平方米的商业面积，不仅极大地方便了居民生活，还解决了12%本社区居民的就业问题。

在社区医疗方面：社区户籍人口100%得到医疗保障。外地户籍人员，有单位的均办有医保卡。同时，以深圳市西乡人民医院为依托，设立了1800平方米的社区健康服务中心。社康中心以初级卫生保健为基础，为居民提供医疗、预防、保健、康复、健康教育和计划生育技术服务等综合性卫生服务。社康中心为小区建立了社区、家庭和个人健康档案，并实行一人一卡，一家一档，还开展社区老人托管照顾的特色服务项目，设立老人托管床位，为身体有问题不能生活自理的老人提供医疗保健和居家生活相结合的人性化服务，使社区基本医疗、公共卫生管理与社区居家养老相结合，做到“小病在社区、防病在社区、健康在社区”。该社区还被中国疾病控制中心与市卫生局授予健康社区示范点荣誉称号。

在社区救助方面，社区如有居民遭遇重大疾病或灾害时，政府将会立即开展救助工作。

（2）在社会上，老人、孩子、妇女是相对弱势群体，但在以家庭作为基本单位的社区里，他们却是“人多势众”的重要力量。老人、孩子和妇女们得到了保障，家庭才能稳定，社区才能和谐；他们的精神世界和物质生活得到了提升，共建美好家园才有广大主体和不竭激情。

在关心老人方面，社区率先开创了以居家养老为主、社区养老为辅的养老模式，相继设立了老人会所、老年大学、老年文化艺术团、老人作坊、老人农庄，从而形成了中国特有的以“居家养老”和“社区养老”相结合的养老模式，真正实现“老有所养、老有所乐、老有所学、老有所成”。

在关爱儿童方面，桃源居设立了社区儿童教育中心、儿童泛会所，让儿童在清华学校学知识，在社区儿童教育中心学特长，在儿童泛会所学心智，让课堂教育向社区延伸，向家庭发展。

在关注妇女方面，桃源居在政府指导下，开发商设立了“社区妇女教育基金”。桃源居女子学校开创全国社区妇女教育的先河。在这里，凡是桃源人家会员，在20岁至45岁的妇女，初中文化以上的妇女可以享受高等学历教育。从女子学校毕业时，学员们会拿到“一书多证”，即一个国家认可的高等教育毕业证书，以及多种技能培训证。在提高她们自身素质的同时，也拓宽了她们将来的就业面。另外，社区还专门成立了“法律援助中心”防止家庭暴力。今年，桃源居又成立了邻里中心，该中心可谓是社区女子俱乐部，是社区女子提升自己综合素质的好地方，目前，邻里中心已多次开展妇女素质教育讲座，让女人成为社区最靓丽的风景线。

对于社区义工这些全心全意为社区奉献的特殊群体，给予更多福利奖励：参加社区义工的服务时间累计100～500小时，即授予“一星一五星级”义工称号，并可根据积分，享受社区企业优先就业、二次置业、家庭理业等优惠，及社区文体设施、公建设施、社区养老、社区教育、社区服务等特殊福利享受。

凡是热心参与社区共建，以义工、社工形式为社区作出贡献的人群，桃源居的原则是“政府救助我救助，政府奖励我奖励”。政府救助是让低保户和失业户都能生活，而社区再次救助是让这类人群生活更好。凡能劳者均有酬，一律给予不低于本地区法定低保标准的物质补助。在待业期，政府与社区双向提供再就业培训。目前，社区就业岗位充足，无低保户、无失业户。

同时，桃源居社区对社区内的三个残疾人士，在政府月提供200元救助的基础上，社区又提供社工就业岗位给予其特别救助，社区另补其500元，并根据其中一个残疾人的实际情况，安排在社区企业从事适当工作。另外，社区救助办法还对遭受自然灾害的家庭和单亲女子家庭独生子女的就业与上学提供社区救助。“社区内不能有穷人！”这是桃源居建设康居社区的基本标准。

社区卫生服务机构布局合理，提供预防、保健、康复和计划生育技术等服务，针对社区常住人口的社区预防保健主要指标处于良好水平。

3. 文明祥和。

（1）桃源居居民生活方式健康科学、文明向上，社区内家庭和睦，邻里关系融洽，群众性文体活动广泛开展，居民参与率较高。桃源居社区非常重视打造具有自身特色的社区文化。几年来，累计投入3000多万元用于举办社区文化节、运动会、文艺演出，支持社区各种艺术团体开展活动。社区还成立了老人腰鼓队、秧歌队、篮球队、足球队、少儿跆拳队、社区艺术团、老人舞蹈团、合唱团、书法协会、摄影协会、太极协会等10多个群众文体组织。每逢植树节、三八妇女节、母亲节、六一儿童节、中秋节和九九重阳节，社区都会举行各种大型文艺庆祝活动。历年来，桃源居先后获得“全国学习型家庭创建示范社区”、“全国‘平安家庭’创建活动优秀示范社区”、“广东省平安和谐红旗社区”、“广东省文明社区”、“广东省‘六好平安和谐’社区”、“广东省民主法制示范社区”、“广东省生态示范社区”等荣誉，并经常开展五好家庭、和谐庭院、五好媳妇等社区群众性精神文明活动。

（2）社区内环境优美，无严重破、损、残建筑物和违章搭建，无乱堆乱放、乱设摊点现象，机动车、非机动车停放有序，垃圾清运定点及时，无卫生死角、无暴露垃圾、无污水、无乱扔废弃物；社区居民无违法违章饲养宠物和家禽、犬（宠物）、鸽（鸟类）等现象；居民具有较高的环保意识和良好的环境行为。

动员社区居民，加强环保宣传教育。社区举办了“发展循环经济、建设生态城市”节能主题系列活动，并藉此活动，桃源居社区向全区居民和学生发出“争创绿色家园，建设和谐社会”的倡议。同时，还成功举办了桃源居社区“儿童文化用品跳蚤节”，鼓励儿童将自己的闲置或废旧物品进行交换转让，无形中培养了孩子的节约意识、环保意识，该活动也被纳入深圳第二届文博会系列活动之一，受到国外嘉宾友人的高度赞赏。

同时，桃源居通过加强生态环境规划，积极完善社区配套设施。节约用水，实现水资源的循环利用，发展固体垃圾分类回收，循环利用绿化修剪废弃物，积极推进节能降耗的社区建设。

(3) 桃源居整个社区的绿化覆盖率为42%。社区已建立生活垃圾分类、收运、处理系统，实现垃圾收运从散装向转运压缩到实现垃圾无害化处理，达到社区利用废旧物品资源开发民间手工艺产品，变废为宝，促进循环经济发展。

案例点评

桃源居社区按照联合国人居社区标准体系，功能定位于集生活、文化、教育、体育、娱乐、医疗、商业等为一体的现代卫星城。社区功能定位准确、生活配套完善、规划平衡、开发有序，已成为深圳第一大社区。社区凭借其依山面海的自然环境，一切围绕以人为本的规划理念，最终形成了“一个社区、两个市民广场、三个公园、四大功能分区、五大会所”的幸福家园。几年来，在各级党委、政府的领导下，在社区全体居民和驻社区单位的共同努力下，已经建设成为一个环境优美、管理有序、平安和谐、充满活力的大型的国际化综合性社区。社区各项工作被中央、省、市、区等各级政府评为先进单位。先后获得联合国颁发的“全球理想人居社区奖”、建设部颁发的“中国人居范例奖”，“全国学习型家庭创建示范社区”、“全国‘平安家庭’创建活动优秀示范社区”、“全国社区商业示范社区”、“广东省平安和谐红旗社区”、“广东省文明社区”、“广东省‘六好平安和谐’社区”、“广东省民主法制示范社区”、“广东省生态示范社区”等荣誉。这些成绩的取得，离不开党和政府的关怀和领导，主要源于党组织的核心领导作用和开发商先进的社区开发理念以及社区全民的共同努力，社区以“以人为本”的发展理念，积极探索“一个核心，两个服务，三种合力”的社区建设新模式，整合社区资源，发展社区文化，满足社区需求，化解社区矛盾，促进社区和谐，推动社区发展。

可以说，桃源居创造了一个奇迹。对这个奇迹的造成，民政部部长李立国认为桃源居经验主要由以下四个特征所构成：

第一，是开发商和经营者实行了双重开发，实现了多方的互利共赢。桃源居社区开发商18年的开发经营过程不仅是开发了一个功能设施完善的住宅区、居住区，同时也按照政府的引导、自身的认识和企业的责任，开发了一个服务功能比较完善、居民自治功能不断增强的社会生活共同体。

第二，是在桃源居社区的管理服务和居民自治中实现了多元主体的发展和作用发挥，因而才达到了增强基层群众自治和社区善治的状态。桃源居社区不仅有以党组织为核心的社区管理的组织体系，还有因不同的利益要求或兴趣专长所结成的社区社会组织，这种建立在居民主体基础上的多元主体决定了桃源居社区的治理是互相支持、充满活力的。

第三，桃源居社区在社区管理和居民自治上建立了良性互动的长效机制。所有社区功能设施、经费来源、社区服务和居民自治职能工作，所有社区组织的活动都纳入规范之中，上升到制度化的建设，因而形成了社区善治、居民自治、政府行政管理和社区居民自治的有效衔接与良性互动。

第四，政府的社会管理和公共服务逐步到位并且逐渐完善。政府对社区建设和居民自治的指导、支持到位，公共服务机构到位，工作到位。这种以党组织为核心的社区管理体制、居民自治机制的建立和完善，与党政机构和职能工作到位是密不可分的。

在李立国看来，桃源居的许多经验在全国是普遍适用的，有些经验在一定范围上是适用的。我们以前在研究桃源居社区经验中，认为它不失为一种企业开发、经营运作的成功模式，现在，我们逐步认识到它在全国城市社区中具有一定范围的普遍适应性，这是由我国城市社区当中开发商开发建设的社区数量越来越多、比例越来越大的国情所决定的。党的十七大把基层自治制度明确为我国的基本政治制度之一，并且格外强调增强社会自治功能。社会的基本单元是社区，社会管理的基础在社区，增强社会自治功能的基地也在社区。因此，我们非常希望推广深圳桃源居社区所创造出的社区建设与居民自治成功经验，把完善我国基层群众自治制度和增强社会自治功能的工作提高到新的水平。

另外，桃源居的建设，秉承的是人本主义的科学理念。重视满足人们的现实需要，维护人们的切身利益，提高人的素质，发挥人的潜能，最终实现人的全面发展。一切从人们的现实需要出发，就能知道规划什么、建设什么样的公建设施。当人们的生活从生存阶段上升到发展和享受阶段后，就要求在发展中不能只是单纯追求经济增长，还要追求经济、社会和自然的协调发展，坚持速度和效益的统一。因此，以人为本是社区开发建设的根本目的，桃源居社区开发商正是明确了这些，把社区居民的利益作为开发建设的出发点和落脚点。把增进全社会和每个人的利益总量作为评价和衡量社区开发的制度和规范，以及政策措施的终极标准。凡是符合这一终极标准的，就要发扬光大；凡是违背终极标准的，就要坚决地进行修改。因为增进全社会和每个人的利益总量是我们一切制度与规范——道德的或法律的规范——创建的原初目的，也是我们一切制度与规范的价值得以导出的条件。正是本着这一原则和内涵，才有了9次修改规划和增建公建设施的举措。

“以人为本”意味着要尊重人，把人当成一切制度安排和政策措施等等规范价值得以产生的价值源泉。具体说，“以人为本”就是要从人的特点或实际出发，一切制度安排和政策措施“要体现人性，要考虑人情，要尊重人权，不能超越人的发展阶段，不能忽视人的需要。”人是社会的人，因此，“以人为本”就是要研究社会中人们之间社会关系的规律，并从这个规律出发，再经过社会创建一切制度规范的终极目的推导出科学优良的制度和规范。在这些关系中，各个利益群体之间的关系无疑是最根本、最基础性的关系。国家与广大社会成员之间的利益关系、广大社会成员之间的利益关系、区域之间的利益关系、人与自然之间的利益关系等等，都存在一个基本规律，需要尊重和敬畏。不论怎样，现代心理学研究表明，各个利益主体都会恒久地为自己的利益着想，偶尔地为社会为他人为自然考虑，所以，我们的一切制度安排和规范，必须以此作为价值的源泉和根据，绝不可以背离这一基本规律。我们要设计符合人性规律的制度和规范，不要动辄向规律挑战，要河水逆流。这样的话，不仅达不到动员全体社会成员精神资源的目的，相反会打击和挫伤人们通过有利于社会和他人利益、自然利益的途径追求个人正当利益的积极性和首创精神。在这方面，桃源居社区的开发和建设考虑和满足了各个利益群体的需求，正确处理了各个利益群体之间的关系。它的公建设施既有政府社会服务和公共服务设施，例如过街天桥、公交首末站、体育公园、体育会所等等；又有社会成员需求的学校及文化活动场所，更为重要的是桃源居在人本主义的理念下，科学的界定了社区公建设施的产权所属，即产权归政府，使用权归社区，经营和管理权归企业、社区和社会经济组织。因此，才会有桃源居今天令世界瞩目的成就。这其实就是向“以人为本”价值源泉皈依的结果和效应。规划平衡中强调“以人为本”，就是要更加旗帜鲜明地尊重人性的基本规律，把人性规律当作我们一切制度安排和政策制定的根据和出发点，把人性当作我们治理社区的一切规范性价值的源泉。只有我们回归到这个境界，我们的治理社区的方略才能回归常识和理性，充满科学的精神，才可能事半功倍。

提高对虚拟社会的管理水平

——上海新江湾城社区“双版主、双进入”的探索与实践

案例提要：改革开放30多年来，我国从“单位”制向“社区”制转变。在这一过程中，传统的社会管理方式日渐式微，而新的管理方式迟迟难以形成。与此同时，社会的发展又呈现出新的特点：互联网络快速发展、网民快速增长，这对传统的社会管理方式提出了新的挑战。面对这种状况，上海新江湾城社区进行了大胆的尝试。从2007年实行的“双版主、双进入”，创造性地将网上管理与网下管理相结合，并取得了良好的效果。这种做法不仅有效地引导了网络的舆论和网民的行为，同时也促进了社区的和谐稳定，提高了基层干部对虚拟社会的管理水平。

案例介绍

一、问题的缘起

近些年来，一些由小区业主自发形成的网上业主论坛极为火爆，论坛“版主”们的影响力也越来越大，人们更因为兴趣和价值观的认同而以“群”的形式集结。2008年，全国网络社区用户1.05亿人，网络社区的用户覆盖人数仅次于网页搜索和博客，成为主流网络应用之一。跟帖、发帖已经成为众多网民上网的习惯。同时，由于论坛用户的匿名性、使用的便捷性、信息传播的快速性、论坛的公共性和话题的开放性等特点，使论坛活动、网络舆论在很大程度上塑造着社会舆论和社会规范，

从而间接影响着现实社会活动和社会秩序。而一直以来公共部门在网络论坛中的缺席，为处于猜测、臆想和表达不满情绪的网民们形成一种非良性互动留出了很大的空间，并且最终通过在网上造势、谋划等方式，将一些网络活动转化为现实社会活动，成为现实社会不稳定因素的一种重要来源。因此，由于缺乏有效的方式，通过加强网络管理进而促进社会和谐稳定，一直是加强社会管理的一个难题。

上海市杨浦区新江湾城社区的居民网络活动活跃，而由此对社区发展产生的影响逐渐引起了社区管理部门的重视。新江湾城社区于2003年经上海市委、市政府批准成立，行政面积为8.6平方公里，定位为国际化、智慧化、生态化的高档社区。因此，入驻该社区的居民以受教育程度高、收入高、民主意识强、维权意识强的中青年上班族、白领以及新兴社会阶层等群体为主，其中，21—60岁的人口占71.5%，高中及中专以上学历人口占79.1%。这部分人平时很少和社区内的其他居民接触，但却是活跃的网络用户。社区内的居民中，每天有约1/3活跃在网上。其中，突出业主信息、业主利益的搜房网业主论坛是他们关注、讨论小区事务的主要活动网站之一。小区业主网络论坛从最初的仅服务于居民购房、业主装修等简单交流平台，发展到后来作为社区居民重要的“网络生活空间”，成为民情、民意、民忧的重要集聚地，也是居民开展邻里互动的重要渠道之一。

新江湾城社区业主网络论坛上的话题开放，内容涉及广泛而复杂，一些网上言论迅速传播后，又能马上形成“线下”活动，“线上”与“线下”互动的特征越来越明显，论坛“版主”们的影响力越来越大，网上活动对社会稳定的影响越来越突出。因此，业主论坛开始进入政府和社会的视野，他强大的力量也为政府创新社会管理提出了新的课题，如何加强对业主论坛的引导管理，从而促进社会管理成效变得越来越重要。

二、主要做法

（一）主要思路

新江湾城社区实施的“双版主、双进入”能在社会管理中发挥作用，主要突出了以下一些创新思路：

1. 主动融入居民广泛使用的网站。

与以往政府网站建设、党政领导网上信箱和网上博客等网络活动不同，“双版主、双进入”是一种政府主动进入网民活动空间的行为，重点体现在“双版主”中，即在原论坛业主版主的基础上，设立居委会版主参与论坛活动。它体现出三个特点：

一是在时间上先有网络论坛，后有政府的融入行为。由于业主网络论坛吸引了社区内广大的业主，同时讨论话题广、信息交流快，这引起街道的高度关注，并且改变以往自己建网络平台吸引居民的模式，采用主动融入的方式参与到业主交流活跃的网络空间中。

二是在方式上以基层组织作为首要主体。“双版主”中除了原来论坛中的版主以外，另一个版主就是居委会版主。在看到传统“串百家门”的交流方式越来越受到限制，居委会在引导基层社会向有序化发展面临困难之后，街道指导居委会以业主论坛为平台，与居民进行交流。居委会是居民自治组织，是最贴近居民的基层组织。因此，他以主动的方式融入到居民的网络活动，更容易被居民（网民）所接受。在居委会版主运作取得成功后，新江湾城街道相关职能部门逐渐进入论坛，形成政府与居民之间融洽的关系。

三是在角色上以普通论坛用户身份参与网络活动。新江湾城街道在进入业主论坛的过程中，改变以往政府强势介入网络的方式，充分遵循论坛发展规律和特点，以一种平等一致的网民身份成为论坛用户。尽管充当论坛版主，但是居委会不能以一种居高临下的姿态参与论坛活动，要学会使用网络语言。

2. 注重通过网络引导居民的社会行为。

“双版主、双进入”不仅仅是一种单纯的居委会或政府部门融入居民网络生活、获取信息的行动，而更为重要的是要通过网络活动引导居民的社会行为。为了实现这一目标，“双版主、双进入”重点体现在“双进入”中，即居委会进入论坛参与论坛管理，业主版主及用户进入小区参与社区事务管理，具体表现在两个方面：

一是以服务树立威信、凝聚居民。居委会版主要通过网络引导居民的社会行为，必然首先要在论坛上成为真正被用户认可的领袖，建立与居民之间的信任关系。因此，居委会从一开始进入论坛就表明自己的身份，不掩饰、不隐匿。而与其身份相匹配，居委会需要在论坛中发挥与原业主版主所不同的作用，包括提供业主版主不能提供的各类生活信息、社会服务，协调生活中的矛盾纠纷等等，用无微不至的服务树立威信、凝聚居民。

二是网上网下联动、协调社会生活。由于网民身份具有隐秘性，仅仅在网络上对居民的社会引导是有限的。因此，“双版主、双进入”要实现网络生活与现实生活之间的连接，在居委会进入论坛的同时，引导原业主版主及用户参与到小区事务中，实现双向进入。居委会在论坛中树立引导网民的能力，最终转向在现实生活中引导居民的社会行为。

（二）主要做法

新江湾城业主论坛从2007年下半年开始进入人们的视野，特别是受到了街道办事处的关注。结合上海市和杨浦区宣传部关于加强网络管理的要求，从2008年开始，新江湾城街道开始围绕业主论坛探索进入、适应、利用、引导网民的方式和方法。

1. 探索阶段：2008—2009年。

2008年，在市网宣办、区委宣传部的直接指导及搜房网的大力支持下，街道围绕舆情掌握，探索网络宣传工作，在全市率先实施“双版主、双进入”。

(1) 建立领导小组，设立专门机构。街道成立了由相关科室组成的网络宣传工作领导小组，下设办公室，由党工委书记任组长，副书记任办公室主任，指导、协调整个街道的网络宣传工作，重点推进“双版主、双进入”计划。

(2) 指导居委会书记进入业主论坛，形成基本活动架构。在与搜房网沟通后，首先由居委会书记在论坛进行实名注册(有论坛统一标识)，并担任所在小区的业主论坛版主，与原自发形成的业主版主一起管理论坛日常事务。在居委会支部书记进入论坛的同时，街道每月召集一次“双版主”沙龙，把业主版主请出来，平等交流，沟通互动。

(3) 培育网上骨干队伍，初步明确居委会网宣职责。由街道组织对居委会干部如何进入、使用论坛进行培训，基本明确相应职责，每个居委会100%的社区干部要在论坛上注册，60%的社区干部每天上网至少2次，每次至少发帖2封，并做好工作记录。及时了解掌握社区网民、群众的意见和诉求并积极实施舆情的研判、疏导。在此基础上，主动与区有关部门沟通咨询、召开舆情研判会和居民恳谈会，通过网上发帖引导和网下与版主交流谈心等多方面措施，化解集聚的居民情绪、防止群体性事件的发生。街道将社区干部网络宣传工作表现纳入年度考核体系，并每月对工作记录进行检查，每两月组织一次培训，邀请上海东方社区信息苑、搜房网师资进行专业指导，每季度开展一次评比，对表现优秀的社区干部进行表扬激励。

2. 深入阶段：2009—2010年。

2009年，在前一阶段围绕网络宣传，开展“双版主、双进入”取得初步成效的基础上，新江湾城街道结合党建工作，将这项工作做了深入探索：

(1) 结合服务功能提升，实现政府进入论坛。在居委会版主被网民所认可的基础上，新江湾城街道进行充分调研，建立社区网络党建工作指导小组，社区（街道）党工委分管副书记任组长，组织、综治、市政和民政等部门的分管领导为成员，负责统筹网络党建工作，研究网络党建工作的重大问题，指导和协调网络党建工作的重要事项。同时，成立由党工委副书记、街道综治、市政分管领导、街道科室负责人、区政府驻地的派出机构负责人、居委会负责人等组成的新江湾城社区网络舆情分析和研判联席会议，针对社区重大、焦点舆情，及时召集有关职能部门和单位共同分析研判舆情，落实应对措施。设立网络党建工作指导小组办公室，具体负责网络党建工作的组织落实，对基层网络党建工作开展指导、检查、协调和督促。在网络党建工作指导小组的推动下，居委会及社区有关单位设立了社区网络舆情收集站，街道相关科室和辖区内所院办、学校等在论坛中设立了服务版块或注册实名用户（形式不再局限于充当版主），其中，包括党员服务中心、派出所、地区工会、社区事务受理中心等基层服务部门将工作拓展到网络业主论坛中。指导小组适时成立了新江湾城大社区论坛，基本实现业主论坛网络平台的整合，以此提供民生服务和居民生活服务，并在这一过程中与网民建立起良好的互动关系。至此，新江湾城社区“双版主、双进入”逐渐走向了“大论坛、全覆盖”模式（即成立新江湾城大社区论坛，将街道和辖区内学校、居民区党组织、居委会、居民都吸引进来）。

（2）主动搭建沟通交流平台，增强网下互动。利用版主沙龙平台，街道与论坛版主、网民之间、网民与网民之间围绕本年度中迎世博、社区管理、生态环境等热点议题敞开交流，增强基层政府与网友之间的面对面互动，平时还不定期与部分活跃网民电话沟通和面对面座谈，进一步加强相互之间的沟通互动。因此，网下交流由以前“版主沙龙”向更具开放性、灵活性、互动性的“网友沙龙”转型，在街道与社区网民互动方面实现定期的沙龙和平时不定期的电话、MSN、座谈等多种形式相结合。

3. 完善阶段：2010—2011年。

从2010年起，新江湾城街道根据前两年的探索积累，基本确立“双版主、双进入”作为一种政府通过业主论坛实现社会管理的新方式。并颁布一系列规章制度，逐步对此加以制度化、规范化。

（1）确立操作规程。为进一步发挥党和政府在其中的作用，“双版主、双进入”在实施中内涵不断扩大，已经不再仅仅局限于居委会在业主论坛中的作用。因此，2010年，新江湾城社区（街道）颁布了《新江湾城社区（街道）网络党建工作操作规程》，明确了街道各有关科室、所队院办、学校，以及居民区党组织和居委会版主的相关职责，专人负责、统一用户标识（包括单位属性、@标识）、日常工作。各主体根据网络舆情事件的性质，各自承担网上回应和网下落实措施工作，具体形成“两级”应对：当舆情所涉及的事件性质仅仅局限于相关小区，且在小区居委会、户籍民警、物业公司权限范围内的，由居委会、物业公司、户籍民警负责在网上和网下进行互动；当舆情所涉及的事件性质超出小区管理且属于社区公共事务的范畴，或者小区居委会、户籍民警经协调后仍无法推动工作进展的，由相关的上级部门（街道各有关科室或所队办）负责进行网上和网下的回应互动。

（2）提升队伍素质。经过两年的探索，新江湾城街道意识到网络交流与公务活动有着极大的差别，因此，特别重视干部在网上与网下的言行，要求干部能掌握进行网络活动的方式方法。并于2010年制订实施《新江湾城社区（街道）干部网络培训制度》，将街道科室、所院队、学校、居民区党组织、居委会所有干部和社工纳入到培训中，由街道网络党建指导小组办公室负责组织实施，培训经费纳入年度预算。

（3）增强工作实效。通过网络加强社会管理是一项全新的尝试，其工作模式尚未进入到党委和政府的工作绩效考核中。因此，新江湾城社区为提高“双版主、双进入”工作的实效性，于2010年分别制定颁布了《新江湾城社区（街道）网络党建工作管理制度》和《新江湾城社区（街道）网络党建工作考核激励制度》。一方面要求每个相关单位对论坛上事务的处理要一事一记，做好档案管理。另一方面将网上舆论的正面疏导，一般舆情的回应引导，重大舆情的收集、研判和应对，以及廉洁文化进网络的宣传互动等内容纳入到对相关部门的考核中。

三、取得的成效

1. 社会充满活力。

3 年多来，“双版主、双进人”为新江湾城社区发展注入了更多活力，具体表现在两个方面：一是网络社会活力不减。在现实社会的众多领域中，政府为了能“占领阵地”，往往出现“国进民退”的现象。这在某种程度上弱化了党和政府建立群众基础的成效，同时也反映党和政府在新形势下开展群众工作缺乏有效的方法。但是，新江湾城社区“双版主、双进人”工作的实施，并没有出现这种情况，业主论坛仍然是小区业主最为活跃的交流场所。新江湾城 12 个小区业主论坛，平均日在线人数超过 3000 人，论坛一个帖子往往点击达数百次，回复数十个，话题涉及社区规划、社区环境、社区文化、小区物业、业主维权、时事点评、邻里活动、生活感悟等多个领域。二是居民积极参与现实社区生活中的各类活动和事务。尽管居民的交流在网上，但大多都涉及居民的现实生活，因此，他们在网上的讨论都在某种程度上是为社区的发展献计献策，且其中一部分确实转化为居民的实际行动。据初步统计，通过业主论坛网络平台，街道、社区单位以及居委会和物业发布各类民生服务信息 1000 余条，并收集涉及社区民生的各类意见、建议及问题 300 余条。

2. 社会秩序良好。

“双版主、双进人”在促进社会形成良好秩序上也表现为两个方面：一方面形成良好的舆论氛围，在论坛中的各类话题，不再出现单纯的舆论一边倒的局面。特别是在遇到一些问题时，舆论不再是简单地将矛头对准政府，论坛中会有许多人予以理解或进行澄清、反驳，特别是一些论坛中的意见领袖和比较有威信的论坛用户都会以客观和积极的态度发表不同的意见，从而使论坛上的活动向更理性化的方向发展，对政府的态度也出现改变；另一方面形成良好的自治秩序。通过网民与居委会、政府之间的互动朝着良性发展，居委会、政府在引导居民自我管理、自我服务中的作用越来越明显。特别是，居民能以更加合作的方式，参与到社区事务的管理中，共同推动社区的发展。

3. 社会稳定和谐。

“双版主、双进入”实施的另一个明显成效是使社区更加和谐稳定，最突出的表现为社区内上访率有明显下降。3 年多以来，通过各方的努力，较好地解决了小区违章开五金店、小区裙楼违章开饭店、生态走廊断头路、城区河道管理等 100 多项问题，及时有效化解政悦路拓宽改建、闸殷路开关站建设、上海梦想小区围墙外唱歌扰民等重大社区网络舆情，维护了社区和谐。3 年多来，新江湾城社区没有发生一起进京上访，也没有发生一起非正常上访（即法律禁止或 5 人以上的上访事件），社区内的众多事务，特别是涉及群体的事务都在比较平和的状态下得以解决。

案例点评

随着“单位人”向“社区人”转变、熟人社会向陌生人社会转变，城市社会的最大变化突出表现在传统的社会规范在现代化和城市化过程中逐渐衰弱，社会因此容易处于一种失序状态。而“双版主、双进入”模式能在社会管理中发挥作用，其主要的逻辑在于，它重新建构了陌生人社会的社会关系和信任，进而重新建构社会交往规范，使社会运转回归到有序的状态。因此，现代城市社区内的社会关系调整是社会管理的一项重要内容。

1. 重新建立社会关系，变陌生人社会为准熟人社会。

在一个日益强调个体利益、个体权利和私人空间的社会中，社会关系的重建变得越来越困难。这实际上也是中国共产党开展群众工作所面临的一个难题。对一个传统地缘关系、邻里关系逐渐弱化的社区而言，比较突出的问题是很难找到一个稳定的居民共同交往平台。由于居民需求的多样化，个性的自由张扬，生活方式的差异性，社区内部的广大居民之间很少能进行长期有效的沟通交流。社区对于居民来说，往往成为仅有居住功能的地方，也即是一种私人空间（这就与社区这个具有公共性质的空间之间构成矛盾：私人活动难以构成维持公共空间运转的规则秩序）。而业主网络论坛却为社区内的居民提供了一个极其珍贵的自由交流平台。由于网络论坛的超时空性、互动和信息功能，它能比较轻易地把不同的人都吸引到一起，进行围观或交往。

同时，新江湾城业主网络论坛又克服了网络纯虚拟性的特点，这种虚拟交往不仅没有构成对现实社会规范的进一步破坏，反而为现实社会交往提供了帮助。因为这种业主论坛有两个独特的特点：一是它与现实生活中的小区相对应，论坛中的用户几乎就是小区中的居民；二是论坛中的信息或话题也多与他们生活的小区相关。这构筑了网络论坛和现实生活的天然连接，论坛中的用户是生活在周围的人，论坛上讨论的事多是小区里的事。尽管这种方式有别于传统面对面的交流方式，保留了一定的隐秘性，但也突破了原先完全陌生化的状况。并且，由于话题多与现实生活相关，间接推动论坛用户在某些情况下走向现实互动，比如，新江湾城社区内由于维权的需要而走向面对面的合作，由于兴趣爱好相投而开展集体活动等等。而各类“版主沙龙”、“网友沙龙”为这种网络关系转化为现实关系创造了直接的条件。

2. 重新建构互动关系，变不合作社会为合作社会。

在社区内，恢复社会关系为社会管理提供了条件，而社会关系的交往、互动状况最终影响社会管理的成效。新江湾城社区的“双版主、双进入”模式，在为社区内的各个相关主体提供交流、建立关系的同时，也有效地对这种互动进行引导或重塑，使之朝着良性的方向发展，因此，较好地促进了社区的和谐稳定。

改革开放以来，由于没有很好地处理经济建设与社会发展的关系，干群矛盾已经成为影响社会健康发展的重要因素之一，同时也限制了政府在社会管理中的作用。如何在现有的局面下重新建立政府威信，使得居民能够以更加合作的积极态度投入到社会建设中，成为社会管理中的一个难题。显然，“双版主、双进入”的实践为突破这一难题提供了思路。“双版主、双进入”在发展过程中内涵不断扩大，已经不仅仅局限于居民与居委会之间的关系。但通过前期居委会成功介入论坛，使得后期政府及其他组织能较顺利地融入论坛的交流中，重塑了彼此的信任关系。但是，互动的重建是一个缓慢的过程，需要从最贴近居民、能较快获得居民认可的基层组织入手，首先在一种兼具理性和感性的服务中完成“入场”。而相关职能部门在支撑做好这些服务的过程中，间接传递正面信号，让居民在各种公共事务的处理中逐渐形成新的判断，正如在新江湾城社区业主论坛中，实现了从一开始对政府的抱怨和不信任到最后充满感谢的转变。在积累了一定基础的情况下，政府再逐渐走到前台，直接与居民互动，用一种积极的、不回避的服务姿态与居民进行有效沟通、交流，消除自身的隐秘性和不可亲近性。

同时，由于利益分化，不同群体之间的相互关系协调也成为社会管理中不容忽视的问题。从新江湾城社区“双版主、双进入”的实践发现，群体之间良性关系形成，权威中间人或领袖的引导、协调极其重要。而权威中间人或领袖的形成，一方面有赖于有广泛参与的公共交流空间的存在，比如新江湾城社区业主论坛，其自发形成了一些论坛意见领袖，他们在引导居民的社会行为中起着重要作用。另一方面有赖于自治组织或政府的作用，在居委会、政府与居民之间形成良好的互动关系之后，他们自然成为不同群体都想极力争取的力量，为引导和协调社会成员间的各种关系创造了条件。

上海市浦东区社会管理创新的有益探索

案例提要：当前，我国社会的一些领域出现了不同程度的人民内部矛盾，如何通过精细化、人性化、科学化的社会管理创新，积极有效地化解人民内部矛盾，是我们当前面临的一个重大问题。上海市浦东新区在社会管理创新方面按照中央“党委领导、政府负责、社会协同、公众参与”的要求，充分发挥社会协同的作用，在一些领域实现了社会管理的机制和体制的创新。

案例介绍

案例一：上海浦东区打造公益服务“生态园”

一、问题的缘起

浦东开发开放以来，始终坚持经济与社会发展并重的思路，着力构建“小政府、大社会”的社会管理格局，大力培育发展各类公益性社会组织，社会组织数量呈现较快增长的态势。一方面，一批顺应社会需求的社会组织在浦东成长壮大，在各自领域内发挥着不可替代的作用；另一方面，许多新兴公益力量也纷纷进驻，将浦东视为公益创业的热土，众多公益性社会组织在此诞生。目前，浦东共有各类社会组织 1409 家，其中，有内地最早由民间发起、自主运作的社会工作者行业管理机构——浦东新区社会工作者协会，有内地第一家民间社会工作服务机构——上海乐群社工服务社，还有内地第一个公益组织孵化器——上海浦东公益组织发展中心（NPI）。然而，在看到发展成果的同时，我们也意识到浦东社会组织的发展水平还不均衡，公益性组织力量大多比较弱小，分布较为分散等等，这些都使社会组织的进一步发展受到限制。

为此，浦东新区按照“企业提供办公用房和物业服务、政府提供财政补贴和入驻标准、社会组织自我管理和服务”的运作思路，从2008年起开始筹划建立浦东公益服务园。公益园办公场所由位于陆家嘴金融贸易区内的原东星手帕厂区改造而成，园区总建筑面积3200平方米，其中设有600平方米的公共活动空间和2600平方米的办公场所。公共空间设有多功能厅、公益产品商店、社工小组工作室、社工个案工作室、接待室以及财务代理办公室等。这些设施满足了公益机构开展交流、培训以及新兴实践展示和推广的需求。同时，新区制定了入驻标准，选择枢纽型、支持型、专业型、孵化型四类具有代表性的社会组织入驻，并对入驻机构实行财政补贴，努力发挥园区内社会组织对浦东公益事业的示范引领作用。

2009年5月，由先入驻公益服务园的10家公益机构发起，浦东新区其他公益组织及关心支持公益事业的有关人士联合参与的“浦东新区公益组织项目合作促进会”成立。“促进会”为园区各入驻机构提供公共服务，承担起了公共事务管理、公益文化宣传、公益培训策划、公益项目承接等功能。自此，浦东公益服务园自我管理、自我服务、合作发展的局面正式形成。

2009年12月15日，经过一年多的试运行后，浦东公益服务园正式对外启动，民政部副部长姜力和上海市委常委、浦东新区区委书记徐麟为公益园揭牌。目前，已有25家社会组织入驻园区办公，通过政府、企业和社会组织的三方合作，公益园正日益成为公益理念的“发源地”、公益动力的“补给站”、公益组织的“大本营”以及公益人才的“大家庭”。

二、主要做法

根据规划及后来的实践和探索，公益服务园逐渐形成6大运作机制，基本覆盖公益产业链的上、中、下游，形成一个有内在活力、共建共享的公益“生态园”。

1. 专业孵化机制。

入驻园区的浦东非盈利组织发展中心（NPI）按照社会力量兴办、政府政策支持、公益组织受益的模式，启动了“公益组织孵化工程”，通过申请、评估等一整套严格的程序，为创新性强、有发展潜力的社会组织，提供场地设备、能力建设、登记协助和小额补贴等服务，降低公益组织日常运行成本，扶助初创期的公益组织逐步成长、成功“出壳”、独立运作。目前，已孵化“出壳”公益组织21家，正在孵化的机构有19家。其运作模式已成功复制到北京、深圳、成都等地，拓展了社会组织培育的新路子。

2. 规范引领机制。

公益机构发展到一定程度，势必遇到机构治理与发展定位等瓶颈，上海映绿公益事业发展中心在这方面富有经验。他们通过提供公益CEO培训、机构战略规划咨询等服务，开展“创新社区公益，助力社会和谐”等公益论坛，为很多公益机构明确了未来发展的方向与动力。公益园还是公益界各种行业标准的诞生地。浦东社会工作者协会、浦东居家养老指导中心、福苑养老事业发展中心等公益园内的机构，通过各自的研究与实践，发布多项职业标准或服务标准，在规范行业发展、确定社会服务评价体系、引领公益发展等方面起到了重要作用。

3. 人才输送机制。

人才是社会组织最重要的发展要素。公益园内的从业人员以高学历、高素质的年轻人为主，并吸纳多名有海外留学经历的专业人员，是一个新思想、新理念交汇碰撞的场所。以浦东社会工作者协会、乐群社工服务社、四惟社工培训中心为代表的社工机构入驻园区后，持续为公益园及整个浦东公益界培养和输送人才。同时，复旦大学、华东理工大学等多所大学也在公益园建立实习基地，输送专业人才，为公益事业的可持续发展提供了坚实的基础。

4. 公共服务机制。

公益园提供公共空间、公益产品展厅、公益展览厅等，为公益组织活动、培训、展览等提供场地。社会组织共同利用园区资源，共同分享运作经验，共同开展各类公益创业扶持、能力建设培训、社区公益服务等活动；浦东新区公益组织项目合作促进会则针对公益组织财务管理经验不足、普遍缺乏专业财会人员的现状，积极推出财务咨询、财务托管、招投标代理和机构注册代理，为机构成立疏通渠道。园区还推出公益人才托管等服务。这些专项托管服务丰富了公益园的内涵，为社会组织的发展提供了有力的支撑。同时，依托园区开通了浦东公益网作为新区公益组织的门户网站，发布浦东公益行业的最新动态、上海和全国的业内重要资讯以及社会组织所需的服务信息。每年还定期开展“社会组织公益活动月”活动，为浦东社会组织统一亮相、展示风采提供了平台。

5. 项目发展机制。

社会组织只有通过融入社会发展、适应社会需求、开展社会服务才能真正焕发生机和活力。园区优先吸纳具有项目发展能力的社会组织入驻，这方面的代表是浦东社会工作者协会。该协会早在2002年就开发了“关爱农民工子弟”项目，为当时浦东几十所农民工子弟小学的数万名学生服务，并逐步将服务项目扩展到青少年、老年人、社区等多个服务领域，展现出旺盛的活力。目前，社工协会和乐群社工服务社、上海公益社工师事务所等8家社工机构已经将社会服务拓展到老年、青少年、妇女、学校、医务、社区矫正、禁毒、助残、外来民工子弟、少数民族事务、家庭、计生、慈善救助、儿童收养等10多个领域共20多个项目，其中川沙“维稳妈妈”项目、“社区共融”项目引起社会各界广泛关注。

6. 供需对接机制。

公益园为政府和社会组织的项目合作提供对接平台，一方面通过浦东公益网和社会组织公益活动月等载体发布供需信息，一方面通过项目合作交流会、推介会、参观接待等形式促成项目合作。由浦东非盈利组织发展中心承办的上海公益创投大赛，为公益园带来了资源与活力，为众多社会组织和公益个人提供了创业和发展的机会。同时，浦东新区公益项目促进会也通过项目招投标代理等工作，成为政社合作的桥梁和纽带，使项目合作在街、镇层面上深入开展。

三、取得的成效

建立公益服务园，是浦东培育社会组织的创新之举，弘扬了公益理念，建立了有效载体，形成了科学机制，取得了一定的成效，对于更好地促进社会组织发展具有重要的启示。

1. 要凝聚力量、整合资源，为社会组织发展提供长久动力。

公益园通过吸纳有代表性的社会组织入驻并实施自我管理，使原本较为分散的公益力量得以凝聚，使过去力量较为弱小的公益机构形成合力，用较少的社会成本，实现了良好的社会效应，极大地提升了浦东公益组织的知名度与关注度，很多社会组织通过公益园这一平台为人所熟知，并在公益园中找到了新的合作伙伴，获得了更多的资源与发展机会，这些都是单靠一家或几家社会组织难以实现的成效。通过集聚与展示，浦东公益服务园很好地实现了“整体大于局部之和”的目标，逐渐成为新区社会组织管理工作的亮点和对外工作交流的示范窗口。

2. 要树立标杆、辐射带动，为社会组织发展提供有效路径。

通过探索以公益园为基地、以项目合作为主要形式、以公益产业链为机制的浦东公益组织发展路径，公益园这一社会组织孵化、服务、管理模式的辐射效应越来越明显。在公益园的带动下，新区团区委、新区残联以及塘桥、张江等街镇也成立了类似性质的枢纽型社会组织管理服务平台。如，浦东新区塘桥社区以塘桥社会组织服务中心为主体，联合多家社会组织共同举办形式多样的社区公益服务，形成了培育支持社会组织的良好机制，其探索创新的成效在区内外产生了广泛的影响。

3. 要培育主体意识、发挥主体作用，激发社会组织内在活力。

培育发展社会组织不能简单依靠政府的行政干预和财政补贴，而是要更多地激发社会组织的内在活力。一方面，要培育社会组织的主体意识，引导社会组织积极参与公益服务、公共服务，提升社会组织的责任意识和公益精神。另一方面，要发挥社会组织的主体作用，深化政社分开、政社合作，推动社会组织承接政府转移出来或新增的社会管理和公共服务事项，发挥社会组织在发现需求、引导需求、满足需求方面的能力和作用。

4. 要传播公益理念，倡导公益精神，促进成熟公益文化形成。

理念与精神是支撑公益事业发展的最终力量，公益服务园在集聚公益力量的同时，也使公益精神在园区内蔚然成风，并以公益服务园为中心向全社会辐射。每月一期的“浦园读书沙龙”活动，以书籍为媒介，传播社科知识，营造读书氛围，引发公益话题，促成公益人与文化人的对话，将文化资源引入公益界；每年五月举办的公益活动月，吸引了上百家社会组织参与，直接服务数万居民；园内新成立的吾同公益文化促进中心，也旨在通过文化艺术的方式对公益事业、公益组织进行宣传推广。公益服务园将进一步朝集中展示公益精神与理念、凝聚公益力量、密切党群联系的方向发展，打造具有公益特色文化内涵的支持平台。

有效地实现了“整体大于局部之和”的目标，逐渐成为新区社会组织管理工作的亮点和对外工作交流的示范窗口。据不完全统计，从2009年12月开园至今，公益园已先后接待中央办公厅、国家发改委、民政部、共青团中央、部分省市以及本市区县的领导和考察团共130批近2500人次。北大、复旦、人大、华东理工以及上海市社联等多所高校的专家、学者也都前来实地调研指导。

案例二：上海市工业经济联合会探索行业协会党建有效途径

一、问题的缘起

行业协会是我国改革开放以后，逐渐生长和发展起来的新社会组织。探索和建立中国特色社会主义行业协会党建工作的新模式，则是促进行业发展面临的新课题。上海市工业经济联合会（以下简称工经联）是上海经济类行业协会的联合组织，成立于1991年3月，2008年9月增挂上海市经济团体联合会（以下简称经团联）的牌子。业务主管单位是上海市经济和信息化委员会。市工经联在抓好党委自身建设的同时，积极探索适合行业协会党建工作的新机制、新方法和新形式。枢纽式管理就是其中重要的形式和有效途径。

所谓枢纽式管理，就是在政府管理部门和民间组织之间设立一个管理载体，通过该载体服务和管理一个系统、一个领域的民间组织，行使一部分政府授权或委托的管理职能，并把民间组织的需求、意见和建议向政府管理部门反馈，使其成为加强党建工作的支撑、完善双重管理的依托、凝聚各类社会成员的载体和实现合作自治的平台。市工经联作为上海市社会组织枢纽式管理的试点单位之一，围绕“党的建设、功能定位、提供保障”等三个方面开展了试点工作，实现行业协会党建全覆盖，党委所属党支部发展到68个。2009年，政府机构改革，上海市经济委员会改为上海市经济和信息化委员会后，从市信息化行业协会党委转接过来1个党委、17个党支部。目前由市工经联党委隶属管理的党组织（党委、党总支、党支部、联合支部）共111个，党员总人数达1169名。

二、主要做法

1. 实现行业协会党建工作全覆盖。

党组织建设是我们党全部工作和战斗力的基础，抓好党支部全覆盖，是行业协会党建的一项重要内容。当然，行业协会的党建有一个发展过程，市工经联党委成立初期的行业协会党建大致存在两个方面的问题：一是有党组织，但党组织挂靠在行业协会所挂靠的单位。因为最初不少行业协会都是由行政性公司、集团转制时派生出来的，协会的人员、编制、收入包括办公用房等仍依托在转制后的公司，协会党组织也同样如此。二是没有建立党组织，党员分散在原单位活动。针对行业协会的这些情况，采取了两种管理方法，四种基层组织形式。

两种管理方法就是直接管理和双重管理。直接管理就是全部属于市工经联党委领导和管理；双重管理就是行业协会党组织交纳党费、人事、选举、组织生活、先进性教育等重大活动，组织关系仍然挂靠单位党组织，同时参加市工经联党委组织的有关行业协会系统党的活动以及协会先进党支部和先进党员的评选活动等。在枢纽式管理的试点中，原有 22 个双重管理的党支部，有 15 个先后划入市工经联党委转为直接管理。

当前，行业协会党建采用四种基层组织形式即：(1) 独立党支部；(2) 党员人数不满 3 人的设立党建联络员；(3) 行业相近、党员人数又比较少的行业协会建立联合党支部；(4) 由市工经联党委办公室组建联合党支部。上海市工经联党委要求新建协会要同步建立党组织，积极帮助推进新建行业协会党组织的组建，认真调查、审批新支部的领导人选，使新建行业协会同步成立党组织。

2. 建立行业协会党建工作长效机制。

为了规范行业协会的党建工作，市工经联党委根据行业协会的特点，先后制定和下发了《关于加强行业协会党建工作的意见》、《关于建立和健全有关工作制度的意见》、《党支部书记工作职责》、《关于党费使用管理的规定》、《党委班子建设制度》和《关于加强精神文明建设的指导意见》等指导行业协会党建工作的文件。目前90%以上行业协会的党员都能坚持每月过一次组织生活，大部分党支部每年都有专题党内民主生活会，并按计划正常开展党内教育活动。基本形成支部组织健全，党员管理有序，党内活动丰富的组织工作新机制；基本形成思想引导有效，党员作用发挥明显，信息反馈流畅的思想工作新机制；基本形成围绕中心、保证监督、自身建设强化的政治工作新机制。

3. 充分发挥行业协会党组织作用。

党委根据行业协会的性质、特点，重点要求行业协会基层党组织发挥五方面作用：（1）参与行业协会工作决策的作用。（2）政治引领行业协会的作用。（3）加强行业协会组织建设的作用。（4）促进行业和谐发展的作用。（5）对行业协会会员基层组织服务的作用。

市工经联党委成立以来紧密结合行业协会的工作实际，按照上级党委的要求积极组织开展了保持共产党员先进性教育活动、“讲党性、重品行、作表率”主题教育活动、学习实践科学发展观活动、创先争优活动，促进了基层党组织提高战斗力，促进了各行业协会在“服务企业、规范行业、发展产业”中发挥重要的作用，取得了较好的效果。

2010年上海市经团联和44家行业协会编制了《上海部分行业“十二五”规划建议》，提出了全市49个行业的“十二五”规划建议，得到好评。在应对国际金融危机期间，行业协会深入企业调查研究，为企业技术创新、开拓市场、节约成本、解决资金困难和大学生就业方面做了大量工作，帮助企业渡过难关。上海举办世博会期间，市工经联党委组织引导和发动行业协会全体党员和群众，积极参与世博、服务世博、奉献世博，与各党支部签订了世博会安保责任书；组织各行业协会党组织和党员积极参与“世博先锋行动”党员主题实践日活动和参加“百万党员践行文明承诺签名活动”；组织各行业协会党员、群众争当奉献爱心先锋，组织维护公交车站秩序的志愿者活动；开展《观摩2010上海世博会启示录》的征文活动和举办“世博绿色出行”活动；组织外省市行业协会和企业参观上海世博会。市工经联党委还推动行业协会在企业诚信建设、行业规范建设等方面发挥积极作用。

行业协会在自身建设方面也取得很大的进展。行业协会已全部实现了企业家办会，协会体制、机制进一步民间化、市场化。引进年轻人和专业化人才，如人才服务行业协会、生物医药行业协会、建材行业协会等协会工作人员的平均年龄只有30多岁，新能源行业协会把协会服务窗口拓展到了美国。

4. 加强基层党支部建设和党员队伍建设。

上海工经联党委抓党建的主要做法是：一是加强党委班子建设，坚持两个月一次的党委会制度，认真组织好党委中心组学习，并建立健全党委委员联系1～2个党支部的联系点制度，加强了与行业协会党组织的沟通和联系，及时有效地指导行业协会党组织的党建工作。二是坚持学习制度，不断加强政治思想教育。党委和各行业协会党支部坚持“三会一课”制度，并将传统学习形式和信息化、个性化的方式结合，深受广大年轻党员的欢迎。三是条块结合，分类指导、典型引导。由于行业协会门类繁多，涉及面广，且各行业协会之间也存在较大差异，市工经联党委科学合理划分所属的行业协会党组织，注重发挥他们各自的优势和特色，分不同类型进行指导，党建工作有针对性。四是加强书记、党员和积极分子三支队伍建设。注重教育培训工作经常化、规范化、制度化。把好支部换届改选时支部书记人选关，严格按照党章和市工经联党委制定的党建操作流程办事。党委要求各党支部认真制定党员学习培训计划，健全党员政治理论学习制度。各协会党支部和党员关心帮助入党积极分子的培养与成长，认真做好新党员的发展工作。从2009年到2011年共发展了11名新党员。五是组织丰富多样的党员活动。市工经联党委利用市工经联的资源优势开展各种形式的党组织活动。如组织举办高层次、高质量的论坛、大型专题报告会；组织党员捐款支援四川汶川、青海玉树抗震救灾，组织党员参观新四军苏浙纪念馆、陈云纪念馆，接受革命传统教育；为庆祝建党90周年，举办了庆祝建党90周年的摄影比赛、文艺汇演和党史、党建的知识竞赛。

5. 推进党风廉政建设，开展反腐倡廉警示教育。

按照上海市纪委和上级党委的要求，市工经联党委下发了《关于开展反腐倡廉警示教育活动的实施意见》的通知，要求各行业协会党组织旗帜鲜明、态度坚决地做好反腐倡廉工作。一是请市纪委有关部门的领导，给全体党员上《当前党内违规违纪现状的原因和对策》的党课。二是组织党员干部观看《贪欲之害》等警示教育片。三是专门召开了行业协会党员干部座谈会，进行学习讨论。四是与各党支部签订党风廉政责任书。五是认真慎重处理群众来信。六是针对行业协会的特点，以预防和监督并重，提出了加强党风廉政建设的四个重点注意事项：

(1) 协会工作接触面比较广，更要注意严守党的政治纪律。

(2) 协会工作以服务为主，仍要高度重视党风廉政建设。

(3) 协会的办会原则是自主办会，更要自觉加强党员干部廉洁自律。

(4) 协会在开展咨询、会展、合作交流等活动时，必须严格执行财务纪律，每年都要进行专业审计。

三、取得的成效

在增强行业协会党建功能、探索行业协会党组织管理新模式的同时，以拓展功能、促进行业协会规范化建设和发展，作为实现枢纽式管理全过程的重要内容，牢牢把握“服务企业、规范行业、发展产业”的原则，当好政府与企业、政府与行业协会的桥梁、纽带。工经联党委从以下五个方面进行功能建设的探索并取得了一定的成效。

1. 综合功能。发挥各行业协会综合优势，组织、集中各行业协会的力量，推动上海整个工业产业的发展。带领各行业协会为全面贯彻落实科学发展观，抓创新驱动、转型发展，做好各相关行业之间、上下游之间、区域之间的技术、经济合作、资源整合的牵头、组织、协调等工作。如制定、提出工业领域行业协会的改革、调整和规范发展的建议，指导、帮助新行业协会的组建，促进企业自主创新、推进品牌战略实施。

2. 引导功能。通过政策引导、规范引导、典型引导，积极推进行业协会健康发展。经常性地向行业协会传递政府有关的政策、要求和信息：传递政府的产业政策、产业规划和产业发展方针；指导行业协会遵守法律、法规和国家政策；通过总结、宣传、推广行业协会发展的典型经验，引导行业协会加强自身建设，协助政府有关部门实施行业发展规划。

3. 服务功能。当好行业协会和各种所有制企业的服务员，维护行业协会及其工作者的正当权益，为行业协会和企业提供信息、管理、培训等服务。定期组织交流，继续为行业协会争取职能。协调行业协会之间、协会和社会公众之间的矛盾，联系政府有关部门，帮助行业协会落实职能，解决困难。使行业协会的独立性、代表性和服务能力得到增强。目前在行业统计、建立反倾销预警机制、专业培训、职称评定、制订和实施行规行约、建立行业诚信体系、制定行业标准方面等已取得突破。

4. 自律功能。促进行业协会加强自律，建立行业自律体系，提高诚信度，成为独立公正、行为规范、运作有序、代表性强、公信力高的社团组织。同时，发挥好行业协会在行业自律、同业约束、建立行业诚信体系中的牵头、协调、组织、服务作用，为构建和谐行业、和谐社会做出贡献。

5. 管理功能。承接业务主管单位委托的管理行业协会的职能，按照规范管理的要求，制定行业协会规范标准，引导行业协会完善内部治理机制。对不符合基本工作标准的行业协会，向政府主管部门提出重组、撤销和注销的建议，使行业协会规范性、多样性、行业性特点更为突出。配合政府主管部门，按照产业发展需要和企业的要求，积极促进行业协会的组建。同时，组织行业协会实施、承接政府委托的工作。

案例三：专业化职业化社会工作在上海浦东的探索实践

——以上海浦东新区社会工作者协会为例

一、问题的缘起

社会工作是以“助人自助”为基本理念，以个案工作、小组工作、社区工作为基本方法，针对社会服务领域差异性、个性化的需求，针对社会弱势群体生存状况和适应能力的改善，提供专业化、社会化服务的一种职业和学科。中国大陆最早的社会工作职业化探索开始于浦东。1997 年开始，上海浦东率先从中国青年政治学院引进 36 名社会工作专业毕业生，成为新区开展专业社会工作的“种子”。在此基础上，1999 年 12 月 9 日，正式注册成立了浦东新区社会工作者协会（以下简称“社工协会”），标志着专业化、职业化的社会工作在浦东迈出了更为坚实的步伐。10 多年来，社工协会坚持“团结社工、服务社会、发展专业”的宗旨，始终站在社会工作发展的最前沿，在竭诚服务社会中不断发展壮大，已经初步形成了以协会为枢纽的社会工作网络。截至目前，新区共有专业社工机构 28 家，具有国家职业资格证书的社会工作者近 2000 人。浦东的社会工作发展受到国内外的关注，2010 年仅社工协会秘书处就接待 40 多次政府及非盈利机构来访，它们来自美国、英国、北京、新疆、深圳等 24 个国内外地区（世博会期间，英国大使馆就与上海大学文学院社会学系、新区社工协会所属的乐群社工服务社和乐耆社工服务社共同举办“城市之间的对话——老年生活与城市之美”主题活动，共同传播社工在城市发展中的价值、精神和理念）。

二、主要做法

社工协会成立 10 多年来，始终坚持在回应社会需求中推进实务化、社会化运作。

1. 开展嵌入式服务。

社工协会成立后，在政府的支持下，积极推动社会工作嵌入现有社会管理和公共服务体系中，形成了自身服务鲜明的特点。在服务内容上，与政府提供的共性的、普惠的、托底的、均等的公共服务不同，社会工作提供的是差异化、多样化、个性化的服务。如果说政府的公共服务是“山”，社会工作则是“山”间的“沙”，更多关注的是“山”当中缝隙的、边缘的领域（比如社会工作关注的民工子弟教育服务、老年服务、残疾人服务、社区矫正服务、少数民族和宗教人士服务等），通过拾遗补缺，协助政府做好公共服务。据统计，新区已在社区、党群、民政、卫生、教育、计生、司法等领域和机构开发和设置了300多个社会工作岗位，承接了许多原来由政府直接举办的、为社会发展和群众日常生活提供服务的事项。在服务主体上，居（村）委会作为基层群众性自治组织，在现阶段一项重要任务是协助人民政府或者它的派出机关做好与居民利益有关的社区服务；而社工机构主要是面向居民，提供专业化的服务帮助，促进社区功能的强化、社区服务的丰富（比如，在三林世博家园市民中心，社工协会出资建立上海公益社工师事务所，与政府签订购买公共服务的项目合同，承接从居委会剥离的社区社会工作调研和推进、低保核查、计生等事务）。在服务方式上，与政府的行政化、命令式、号召性的组织动员和服务方式不同，社工的服务方式是软性的、个性化的、润物细无声的，注重精神上、心理上的支持，注重发展受助者的潜能，努力体现“助人自助”（比如，潍坊新村街道引入社工参与社区养老服务项目，社工组织策划了手工编织、保健养生、时事交流和硬笔书法班等康乐活动，协助老人增进人际互动、增强保健意识，大家都感到有没有专业社工不一样，主动延长了服务项目的期限）。

2. 坚持项目化推进。

社工协会起步之初，尝试用行政化、实体化的方式推进社工实务，依托现行体制在社区、医院、学校建立了5个社工站，作为社工协会的派出机构，但实际效果并不理想。2003年，社工协会开始了项目化推进社工实务的探索，率先成立乐群社工服务社，努力寻找政府所期、社会所需和社工所能的结合点，从社会现实需求出发设计服务项目，在项目化推进过程中培育发展专业机构，初步形成了具有浦东特点的社工发展模式。首先是在回应社会需求中设计项目。坚持“用眼发现问题，用心点燃希望”，围绕社会的热点、难点、焦点问题，设计服务项目。比如围绕热点，乐群从一开始就开展了为简易民工子弟学校服务的项目，一方面针对学校教育资源不足、身体健康缺陷、营养不良等问题，开发服务项目；另一方面注重从心灵上、心理上引导他们克服困难、增强信心，融入社区、融入社会。再比如围绕难点，针对动迁矛盾突出的情况，在川沙地区开展了“维稳妈妈”项目，为上访家庭中的中老年妇女提供全方位的个案服务，配合以小组和社区活动，开展心理疏导和情绪引导，使她们不钻牛角尖，逐步减少上访直至息访。又比如围绕焦点，针对城市管理当中涉及少数民族群体服务管理的情况，参与做好新形势下民族工作，针对回族、维族群众在办理各种证照、子女教育、清真食品需求难以满足等问题积极牵线搭桥，帮助他们融入城市。当他们与城管、与当地群众有矛盾的时候，会主动联系社工，理性表达诉求，自觉维护大局。其次是在推进项目中不断孵化机构。比如乐群作为全国首家民间发起的社工机构，就是在民工子弟学校项目运作一年之后，按照需求稳定、项目成熟、队伍得到锻炼的标准由社工协会及时注册成立的。再比如乐耆、乐爱社工服务社，都是在为老服务项目组、助残服务项目组的基础上先后成立的。目前，新区社工协会已经孵化成立了10家机构，并且合股引进了多家具有成长性的社工机构，形成了稳步发展的态势。第三是在实务推进中拓展服务领域。比如乐群社工服务社在民工子弟学校服务项目的基础上，逐步推出了学校、医务、青少年、老年、少数民族和宗教事务等社工服务。目前，新区社会工作服务范围已拓展到老年、青少年、妇女、学校、医务、社区矫正、禁毒、助残、外来民工子弟、少数民族事务、家庭、计生、慈善救助、儿童收养等16个领域、50多个项目。在2008年汶川抗震救灾期间，新区社工协会随上海社工服务团赴都江堰开展灾后重建社工服务，组织群众自救自助，抚慰心灵创伤，受到温家宝总理的肯定。去年上海静安区“11.15”火灾发生之后，协会也迅速成立一支具有专业能力和灾后社工服务经验的队伍，及时、有效地介入火灾善后工作，帮助伤亡家庭平稳度过灾后适应期。

3. 推进职业化建设。

努力发挥行业领路人的作用，积极引进专业人才，吸引学界和社工实务界的专家和领导进入协会理事会，吸收高校教师参与社工培训，向高校社工专业学生开放实习和就业平台，引进社会工作专业毕业生，目前，协会23名成员中有博士1名、硕士13名。积极开展专业培训，一方面，针对各类社工人才开展职业培训，并率先在全国建立了社工专业的实训基地和见习基地，另一方面，针对社区工作者开展社工专业知识培训，已开办培训班53期，培训10000多人，其中考证培训12期共3000多人，已有420多人获得国家职业资格证书。积极开发制定职业标准，在国家有关部门的指导下，由社工协会开发的《社会工作者国家职业标准》对社会工作的职业规范、从业标准、注册办法等提出了制度性规定，2004年被劳动和社会保障部采用，成为大陆首个社会工作职业标准，标志着“社会工作者”正式作为一种职业得到了法定认可。积极完善薪酬体系，探索建立《社会工作者薪酬体系指导标准》，目前，社会工作者的平均年收入约3.6万元，社工机构高层管理人员一般可达7万多元。

在新区社会工作发展的过程中，政府始终给予了有力的支持和帮助。新区政府比较早地关注到社会工作的发展，在实践中把自己的角色定位为社工协会等社会组织的诚恳倾听者、平等合作者、规则捍卫者、蓝图描绘者，努力构建契约式、伙伴式的政社合作、政社互动关系。

1. 努力创造良好的制度环境、社会环境。

在政策引导方面，先后制订了《关于促进浦东新区社会事业发展的财政扶持意见》、《关于促进浦东新区民间组织发展的若干意见》、《浦东新区关于政府购买公共服务的实施意见（试行）》等文件。特别是2007年制定出台的《关于着力转变政府职能 建立新型政社合作关系的指导意见》，有力地推动了政府和社会组织在主体、机构、职能、资产、住所、人员等方面的“六个分开”，同期出台的《关于进一步转变政府职能 充分发挥街道办事处社会管理综合协调作用的若干意见》，进一步明确提出引导社会力量参与社区公共服务，拓展了政府和社会组织合作互动的空间。在人才队伍方面，制订了《浦东新区社会工作人才队伍三年发展纲要》、《关于鼓励扶持浦东新区社会工作者培训的实施意见》、《浦东新区“十二五”社会工作人才发展纲要》，形成了社工人才培养、评价、使用、激励的一整套制度规范。

2. 不断完善政府购买机制。

主要有三种方式，2009年前，通过直接购买项目的方式，将要开展的社会服务项目直接发包给社工机构，双方协商项目目标、形式、资金额度等，并根据合同履行各自职责。2009年后，上海市民政局探索改革福利彩票公益金资助社区公益服务的方式，开展了公益招投标，让有资质的公益性社会组织通过竞标提供优质服务；此外还通过公益创投大赛，面向全社会征集社区服务的创意“金点子”和操作方案，获得资助的机构可获得5万～20万元的创业投资奖励。在2009年市民政局组织的首届创投大赛中，新区共有14家机构、15个项目入选，约占50%。

3. 积极搭建参与平台。

在新区层面，委托社工协会承担了首个区级政社合作互动的有形平台——浦东市民中心公共领域的管理运作，引入社会工作的专业理念与方法，发挥“社会、社团、社工”三社联动的综合效应，使政社合作项目成为一个联系政府、社会组织和市民的互动平台；在街镇层面，推动社工协会和三林、金杨等19个街镇签约，开展社区工作者培训、社区助老助残服务等项目，发挥社工协会促进政社合作的桥梁纽带作用。

三、取得的成效与启示

1. 政府要为社会组织、社会工作发展成长和发挥作用创造空间、创造环境、创造机会。正是由于新区坚持“小政府、大社会”的探索，坚持引入社会力量提供公共服务，为社会组织、社会工作发展腾出了空间。

2. 社会组织、社会工作的发展必须更好地体现问题导向、需求导向、项目导向。社工协会由小到大、发展壮大，就是一个生动体现“三个导向”的鲜活载体和有力案例。正是始终坚持围绕问题、需求，通过发现需求、引导需求、满足需求，通过项目化的运作，社工协会才站住了脚跟，赢得越来越多的社会认同。实践充分说明，相比于政府主导成立的部分社会组织，社工协会孵化的一些应社会需求而内生发展起来的社工机构具有更强的生命力。我们培育发展社会组织，不能简单依靠行政手段和财政补贴，而是要按照“三个导向”，更多地激发社会组织的内在活力。

3. 要更加注重政社合作、政社互动，更加注重社会的全面进步。“浦东开发不只是土地开发、项目开发、经济开发，更是社会开发，是社会的全面进步。”在未来发展中，我们要在加快经济转型的同时更有力地推动社会的转型、社会的进步，更好地构建政府、市场和社会良性互动的机制，携手推进浦东的全面进步。

案例四：上海浦东新区“维稳妈妈”以家庭社工化解动迁信访矛盾

一、问题的缘起

浦东国际机场一、二期工程先后于1996年和2005年在浦东新区川沙新镇施湾地区实施，大批施湾人由农民变成了市民。

但土地征用、房屋拆迁所引发的种种矛盾和纠纷，也导致施湾地区上访人数逐年增多。针对上访群体特殊、女性上访比例偏高的特点，浦东新区妇联联合新区劳保局、财政局，通过社会公开招标、专家评审，向上海公益社工师事务所[①]购买“家庭社工服务项目”，以川沙新镇施湾社区96名上访家庭为服务对象，于2009年3月正式启动“维稳妈妈”项目。项目实施两年来，公益社工师事务所的专业社工和川沙新镇妇联社区妇女干部一起，将服务对象的家庭需求放在首位，以社会工作的理念、方式和方法帮助受助对象恢复家庭、社会功能，促进社会和谐稳定。目前，68名受助的重点上访对象已有21人停止了上访，9人减少了上访频次，一批受助对象也由上访者变成了迎世博、创建文明城区的路口志愿者。

二、主要做法

1. 从“敲开房门”到“打开心扉”，在执着中推进。

按照“专业社工前期介入、妇女干部跟进结对”的工作思路，项目组安排专业社工和社区妇女干部为每名受助对象提供结对服务；设计“家庭妇女生活质量调查问卷”，由结对社工和妇女干部通过上门走访，了解受助对象的家庭情况和服务需求；在经常性走访基础上，与受助对象和家庭建立联系网络，并为每位受助对象建立一人一份的家庭档案。针对受助对象对社区干部上门存在“本能”的抵触情绪，结对社工和妇女干部以坚韧的作风敲开每一户受助对象的房门，以真诚的服务打开每一个受助对象的心扉。

一是迂回攻关。张女士的儿子和媳妇都是聋哑人，总觉得动迁残疾人补贴拿少了而上访。结对妇女干部利用自己的孙子

① 上海公益社工师事务所是2007年7月在浦东新区注册成立的、向社区居民提供专业社会工作服务的非盈利机构。事务所由华东理工大学社会工作系的专家领衔、专业社会工作者组成。该事务所秉持“以人为本、社区为本、优势为本”的服务理念，专业从事包括青少年服务、外来人口服务、儿童与家庭服务、就业咨询与辅导，社会服务项目评估和社会工作研究等领域的专业社工服务。

和张女士的孙子在同一所幼儿园的机会，多次到幼儿园门口"蹲点守候"，和张女士拉家常、聊家事；利用动迁公司上门发放动迁安置费的机会，仔细讲解政策。耐心地说服疏导终于打消了她的疑虑。张女士成为"维稳妈妈"项目成功化解信访矛盾的第一人。

二是耐心执着。邱女士对社工上门每次都生硬地拒绝。当社工们带着重阳节慰问品再一次登门探望时，邱女士一边叹服一边把她们迎进家门。在多次交谈中，社工了解到邱女士的女儿身患残疾，又经历两次失败的婚姻，家境困难，难以负担外孙女的上学学费，上访只是为了"出门散心"。对此，结对社工和妇女干部反复和邱女士谈心，并为她的外孙女申请了助学补助。现在，邱女士再也不靠上访"散心"了。

2. 从生活解困到心灵鸡汤，在服务中解惑。

"维稳妈妈"项目组和施湾社区建立"28 日案例分析会"，通过走访分析，发现除极少数上访骨干外，约有 70%的受助对象属于"感觉不合理、但缺乏明确上访理由"的"跟风型"，另有少部分属于"不用钱也能出去旅游"的"凑热闹型"。精神文化生活、医疗保健服务、再就业、高龄老人家政服务等是受助对象（家庭）最需要的社会服务。为此，项目组采取个案服务、小组活动和社区活动方式，着力恢复受助对象及其家庭的社会功能，帮助她们解开"心结"，走出上访困境。两年来，共有 38 个受助对象接受了个案服务，解除了家庭危机；有 553 人次参加的"老年生活趣多多"、"爱心手工坊"等 6 项小组活动，有效提升了老年受助对象的生活品质；有 1170 人次参与的健康保健、文化娱乐、社区旅游等 14 项社区活动，也使一批受助对象逐渐融入到了社区生活之中。

一是政策补漏解心结。杨女士在动迁时，已迁入户口的女婿因种种原因没有享受到相应的住房面积补偿。结对妇女干部了解到这一上访原因后，主动与动迁公司反复沟通，仔细调查、核实，最终由动迁公司为杨女士调整了动迁住房。杨女士感动之余，表示再也不去上访了。

二是实事解困解心结。“老上访户”马女士夫妻俩都没有工作，媳妇又是外来妹同样赋闲在家，家境困难。因此，她每次闹访都纠缠于把动迁住房调大的无理要求。对此，结对社工和妇女干部主动帮助她的儿媳通过参加就业培训实现就业，还为她的丈夫争取到了承包东方书报亭的工作。家庭经济状况改善了，马女士的心结也解开了。从此以后，她再也没有出现在上访队伍里。

三是兴趣爱好解心结。王女士没有明确的上访目的，但她性格外向，兴趣广泛，喜欢唱歌，乐于和年轻社工在一起。针对王女士的这一特点，结对社工和妇女干部有意识地“拉”她到社工点和邻居们一起做手工、聊家常，动员她参加各类社区文化活动，并邀请她为具有同样兴趣爱好的受助对象参加“经典老歌”比赛进行排练。如今，王女士成了社区文化活动的积极分子，而上访次数则明显减少了。

3. 从“维稳妈妈”到“和谐楼组”，在深化中巩固。

在初步总结成功经验的基础上，川沙新镇妇联从 2010 年 4 月起，在全镇居民小区中开展“楼组妇建”，由妇女楼组长与重点信访对象结对，结合各楼组实际，广泛开展学习型楼组、文化楼组、和睦楼组、拥军楼组等特色楼组的创建活动；如单个楼组条件不成熟，则由 2～3 个楼组联合创建；由镇妇联统一制作创建楼组宣传牌，制定相关工作、考核和活动制度，推动创建活动开展。创建活动开展一年来，全镇106 个创建楼组环境面貌焕然一新，社区文明意识明显增强，敬老帮困、奉献社区蔚然成风，80%的楼组已没有了顽固的上访对象，5 名重点信访对象逐渐脱离了信访队伍。

一是楼组骨干示范带动。航城小区一名女住户，虽然没有明确的诉求，但经不住别人的鼓动而经常上访。为了阻断上访骨干和她接触的机会，楼组长狄阿姨经常主动上门和她聊天，每天傍晚都邀她一起出去健身锻炼，还邀请她担任楼道平安志愿者。现在，这名女住户已不大与上访对象来往了。

二是活动项目凝聚引领。在专业社工参与指导下，创建楼组分别组织了编织组、沪剧班、腰鼓队、拳操队等团队，开展形式丰富多彩、居民喜闻乐见的社区文化活动，凝聚楼组居民，引领受助对象。去年4月，川沙新镇妇联结合迎世博，组建了以受助对象为主体的志愿者队伍，承包镇域内一个路口的文明交通志愿服务，吸引了7名受助对象的积极参与。今年，镇妇联继续组织开展创文明城区路口志愿者服务队，参与志愿者活动的受助对象又增加了3名。上访者变成了志愿者。“我是路口志愿者”不仅让受助对象深切领悟到了自身的价值，也体会到了助人的快乐。

三、两点启示

第一，信访矛盾化解工作需要社会各方力量的共同参与。

从对施湾地区上访人员的分析中可以发现，她们上访的诱因不尽相同，既有不同时期动迁标准的落差而造成动迁人的心态不平衡等直接因素，也有因不了解动迁政策、听信传言而盲目上访，或是希望通过上访来解决家庭其他困难等间接因素。因此，信访矛盾的化解不能、也不应仅靠政府信访部门的“单打独斗”。浦东新区妇联打造的“维稳妈妈”项目，将基层妇女干部队伍和专业社会组织两支社会力量纳入到信访维稳工作之中，并加以有机整合，在充分发挥社区妇女干部丰富的社区工作经验和社工专业的服务技巧两种工作优势的同时，实现两种优势的叠加，成为信访维稳工作的一支生力军，拓展了信访矛盾化解工作的参与面。

第二，要不断创新信访矛盾化解工作的理念和方法。

日益加快的城市化进程，在使农田变成城市社区的同时，也要求农民完成市民身份认同以及生活形态、生产方式和利益分配等价值观念的转变。“维稳妈妈”项目跳出解决上访问题的视角，把工作的重心放在解决受助对象的需求上，变“来访接待，无访等待”的被动工作方法为管理前置、主动介入，通过人文关怀、社区文化等软件建设，对症下药地开展工作。

案例点评

随着我国经济社会的深入发展，社会组织在社会建设、社会管理、社会稳定中发挥着越来越重要的作用。上海浦东新区以培育发展为基础、以提升能力为核心、以管理服务为手段，积极引导社会组织发挥作用，促进社会组织更好发展。2009 年 12 月，全国第一家旨在扶持公益性社会组织的公益服务园区——浦东公益服务园（简称“公益园”）率先成立，集聚了一批专业化、枢纽型、示范性的社会组织，成为公益性社会组织的“大本营”。包括浦东公益服务园在内的“上海多举措扶持社会组织发展”项目入选“2009 年度中国社会政策十大创新项目”。

上海市工业经济联合会党建工作给我们的启示是：在社会组织发展过程中，要充分发挥党组织对社会组织的管理作用，形成上下对应、管理顺畅的社会组织党建工作管理体系。增强社会组织活力和能力，在发挥社会组织自我管理、自我服务、自我发展自治作用的基础上，引领社会组织朝着服务社会民生、规范成员行为、合理表达诉求的方向健康发展。

在社会主义市场经济条件下，如何构建新型的政府与社会的关系，实现对社会组织的有效管理，是我们当前社会管理创新的一个难题，也是一个必须解决的问题。上海、北京、深圳等地在枢纽型社会组织建设上作了一些有益的探索，例如上海浦东公益服务园、上海浦东新区社会工作者协会等通过枢纽载体，推进政府职能转变，承接政府委托的管理服务社会组织的职能。同时，这些枢纽型社会组织起到链接政府和社会组织的桥梁，丰富社会组织双重管理手段，形成体制顺畅、分工明确、管理有效的社会组织管理新途径。

当前，随着我国城市化和城市建设步伐的加快，由于农村土地被征用、城市房屋拆迁没有很好解决老百姓的生产和生活问题引发的社会问题不断增多。社会管理是对人的管理和服务。我们实现社会管理创新包括社会管理手段的创新。除了强制性的行政管理手段，还有法律、思想道德建设、做群众工作等等社会管理方式。上海浦东新区“维稳妈妈”以家庭社工化解动迁信访矛盾的案例给我们的启示就是：在解决群众上访问题的过程中，我们要树立以理服人、以情动人、以行感人的工作理念和方法，不仅比简单机械的行政答复更富人情味、更易于百姓接受，而且也有利于上访者家庭和社会功能的重建，有助于信访矛盾的化解。

广东省社会保险基金管理局服务管理模式创新

案例提要：当前，政府面临着大量有关民生问题的社会管理和公共服务。在这一过程中，政府的公共服务存在着投入不足、经营不善、效益低下、资源浪费等问题，因此，可以实现公共服务方式的创新来解决这一问题。例如，公共服务市场化，将市场机制引入公共服务领域。通过招投标、合同承包、特许经营等市场机制来调节公共服务的供给和需求，从而达到降低成本、提高效率的目的。本案例就是广东社会保险基金局通过引进市场机制解决政府在公共服务方面的不足，实现了公共服务方式的创新。

案例介绍

一、问题的缘起

2009年国务院《关于开展新型农村社会养老保险试点的指导意见》（国发〔2009〕32号）颁发，意味着在全国农村建立新型农村社会养老保险（以下简称新农保）试点工作正式启动。新农保启动以来，由于地区差异巨大，各省在开展新农保时，都基于自身特点，在国家的新农保经办规程基础上有所创新。广东省在缺人员、缺网点、缺技术、缺资金的情况下，通过引进市场机制，走出了一条适应本省实际的新农保经办新路子。

广东省农业人口总数约5000万人，其中符合新农保参保缴费的适龄人员约3200万人，60岁以上老人585万人。2009年国家试点县 14 个，应参保人员 301 万人，其中 60 岁以上老人 58.7 万人。目前，与全国的情况一样，广东省社保经办机构也存在着人员和能力严重不足，截至 2009 年末，全省社保机构编制总人数 7017 人，城保五险参保人数 1.28 亿人次，人均经办业务量达 1.82 万人次，超负荷运转问题已困扰社保机构多年。广东现有的经办层级只延伸到县，乡村基本没有社保经办力量，只能靠协办。基层社保服务力量严重不足，基金安全堪忧，数据质量不能保证，并且服务的可及性差，很难保证试点的平稳启动。要在农村开展新农保试点，其社保服务力量存在“四缺”：缺人员、缺网点、缺技术、缺资金。

新农保面对的农民群体组织程度低、居住分散、社保意识弱的特点，发动、扩面、管理、服务任务繁重，启动时间又紧，如果将大量的新农保经办业务全部交由县级机构承担，将会给其带来难以承受的工作压力，也难以避免管理上的混乱和基金风险。这就决定了农保不能照搬城市社保的模式，而要设计另外一种简单易接受、方便快捷的收缴发放模式。局领导认为，在编制和经费不增加的情况下，要想平稳启动，面前其实只有一条路，就是创新。

为破解难题，省社保局到县、乡镇进行了充分调研，并认真学习理解《国务院关于开展新型农村社会养老保险试点的指导意见》，在国务院指导意见中提出了“有条件的地方也可直接实行省级管理”。按照汪洋书记提出的“改革创新、先行先试”要求和肖志恒副省长抓点梅州平远县的经验，他们认真总结了省城镇职工养老保险 20 年经办模式利弊，决定创新模式、化难为易。采取了省社保局集中购买服务、社银合作的新农保经办模式。

主要内容是：第一，统一由省社保局招标采购，加大谈判实力，求得全省购买服务的合力；第二，充分利用金融机构的信息系统和农村服务网点，实现参保缴费一站式、标准化服务；第三，省级统一核算待遇、统一社会化发放，加强风险管理；第四，新农保结存基金集中存放在提供服务银行，以基金自身效益解决基金管理服务成本。

通过省局统一向全国公开招标，邮政储蓄银行广东分行以法人级次高、省域结算系统强、农村基层网点多的优势，成为省新农保经办管理服务合作机构，正式签署了社、银合作合同，并于1月份正式生效启动。目前，全省新农保经办工作进展良好，截至2010年7月末，全省农保参保人数373万，收缴基金29亿元，发放待遇131万人，8.4亿元。其中国家新农保试点县参保人员181万人，收缴基金10.6亿元，发放待遇61万人，3亿元。

他们坚持带着问题创新，通过创新解决问题，保证了试点按时启动、顺利推进。

二、主要做法

通过构造三条“流”，实行“四个统一”。三条“流”是业务流、基金流、技术流。四个统一为：统一经办规程、统一个人账户基金管理、统一信息系统、统一社会化发放；具体方式为：

1. 邮储乡镇网点为新农保代办服务点。

广东所有乡镇邮政银行网点为广东农保业务代办服务点，统一标识，统一办事程序。参保人员持身份证、户口本到邮储网点直接办理参保登记，开设实名账户，完成个人缴费（60岁以上人员不需缴费），即办理完参保手续。申领长期待遇和一次性待遇的，直接到邮储网点办理手续，即可于下月在个人存折中提取现金。即：所有参保登记、缴费、申领待遇、转移、停保等手续均做到一站办理。

2. 省级社保机构负责基金核算。

省社保局对原有数据库进行扩容升级，与邮政储蓄银行信息管理系统对接（省社保局的养老金社会化发放工作一直由原邮政储汇局承担，两机构之间社银网已十分成熟），通过邮政银行信息系统，将新农保经办业务的管理直接延伸至各乡镇。由于从省到市、县，新农保在一个系统上做业务，每办一笔农保业务，每建一个账户、每收一笔资金，资金流和数据流均通过系统自动向上归集，各地的参保数据省社保局直接掌握到人（户），个人账户的核算管理在省级就可实现，每月的待遇由省社保局直接审核后，将应发数据传送省邮行统一实行社会化发放。

3. 各级社保机构明确职责。

省社保局负责全省新农保经办工作统筹、指导、业务监管、个人账户管理、基金财务核算、待遇审核发放，协助省财政审核财政补助资金使用情况，负责新农保会统工作，对全省履行购买服务合同的督导。

市社保局负责全市统筹指导，协调同级财政。

县社保局负责与乡镇政府共同组织发动扩面、向同级财政请拨资金、参保人生存验证、档案管理及督导邮政银行网点农保业务。

4. 建章立制、规范操作。

（1）制定规程和相关的制度。省社保局在认真学习贯彻人力资源和社会保障部《关于印发新型农村社会养老保险经办业务规程（试行）的通知》的基础上，结合“社银合作、省级统管”的经办管理模式，制定了《广东省新型农村社会养老保险试点业务办理规程》。规程内容分为参保登记、缴费管理、个人账户管理、待遇发放、附则共五个部分。并统一了参保登记表、参保信息变更登记表、注销登记表、集体补助登记表、待遇核定表等内容，同时，配套制发了基金财务管理和会统制度，为全省新农保经办业务提供了规范统一的管理操作依据。

（2）组织全面培训。省社保局与省邮行联合对全省试点市、县、乡镇的社保及邮行的所有经办人员和部分乡镇干部进行地毯式培训，学习国家和省的有关政策、国家和省的经办规程、基金财务核算管理规定，加强经办人员对政策理解和掌握业务操作规程。

三、取得的成效

广东省新农保服务管理模式，用现代化的手段把复杂的事情变得简单易行。经过8个月的实际运行，取得了很好的效果：

第一，整合资源、节约运行成本。通过两个部门两种资源的整合，解决了前述的“四缺”困难，不仅减轻了政府增设机构、人员编制和财政投入的压力，从广义上看，由于不重复建设，在节约了经办管理成本的同时，也实践了节能减排。广东省在政府没有新的投入情况下，12月完成招标，1月即正式启动了试点工作。这种办法得到了基层社保机构和乡镇政府的高度认同和积极贯彻。由于农民办事便捷，基金权益明了，广大农民见到实惠，口口相传，也进一步推动了新农保扩面。

第二，双重把关、加强风险防控。一是在不改变社保基金各级责任的前提下，对于基金管理核心业务实行了省级集中管理，减少了管理环节，把基金财务风险控制在最小范围，如：1、2月在系统初上线阶段，我们采取县报数和系统审核双审校验的办法，通过省级审核校验，在县级上报的数据中审出错报申领4091人，涉及资金22.53万元，差错率1.91%，协助财政部门加强财政补助资金预算管理。二是通过金融渠道进行资金收、付和账户信息管理，社保机构负责应收应付资金的审核、把关，实际形成了会计、出纳双重管理机制，并且金融部门的账户实名制管理手段，帮助社保基金实现了精细化的管理目标。

第三，一步到位、提升管理层次。城镇职工基本养老保险，由于起步管理层次低，系统分割建设、业务粗放管理，已不能适应提高统筹层次、人员身份转换、基金跨地区转移等新的民生要求，不符合社会保障城乡一体化的发展趋势。我省新农保起步即实行核心业务省级统管，可从根本上避免管理各行其是，制度、政策难保统一，服务标准不规范的状况，保证了全省制度执行的一致性和社保服务均等化。

第四，数据集中，有利转移接续。参保信息集中在省级数据库管理，有利于与职保系统实时联网、共享数据，方便参保人员在区域间、在城镇职工养老保险制度和农村养老保险制度之间转移时，信息对接，基金对接。

2010 年上半年在重庆召开的全国新型农村社会养老保险经办管理工作座谈会上，广东的经办模式作了重点介绍。《中国社会保障杂志》2010 年第 7 期重要位置刊登了《广东新农保探索》，较详细介绍了广东省新农保的做法，并以《广东模式的创新意义》做评。

案例点评

1. 实现了社会管理和公共服务方式的创新。中国当前正处于历史上最为深刻的历史转型。政府也正在由原来的全能型政府向有限型政府转变，在这个过程中，需要我们解放思想，本着做好群众工作、为老百姓服好务的态度，实现社会管理方式的创新。广东新农保服务管理模式创新主要是通过引进市场机制，来破解政府公共服务能力不足的问题。

2. 在社会保险基金管理上，广东社保基金管理局通过集中购买服务方式，在全省统一指定参与服务的金融机构，有效防控了基金管理风险和道德风险，实现了基金的有效管理。

3. 最大程度的方便了参保群众。农村居民的居住方式不同于群众，居住分散。他们根据农村的情况，在社会招标过程中选择了在农村有网点、并保持送信业务的邮政储蓄银行作为新农保基金管理与发放的合作单位，极大地方便了农村居民，受到农民的欢迎。

4. 节约了行政成本。广东省社保基金管理局借助与银行合作的新农保经办管理，节省了大量行政资源，大大减少了重复投资建设，并将基金存在邮政储蓄银行的利息作为支付邮政储蓄银行对新农保基金管理与服务的费用，有效地解决了政府在公共服务投入方面的不足，节约了行政运行成本。

总之，从长效机制着眼，广东省社会保险基金管理局整合资源，因地制宜，不拘泥于教条原则，立足于把事情办好，把农民利益放到部门利益之上，不加人，不增编，不向农民伸手，借助购买服务，实现政府公共服务与市场金融企业双赢，这种做法无疑值得借鉴。

沧州肃宁县实施"四个全覆盖"创新农村社会管理方式

案例提要：中国是个农业大国，农民占人口的大多数，加强和完善农村社会管理体制和机制，维护好、发展好广大农民群众的切身利益，是当前社会管理需要解决的重大现实课题。肃宁县委县政府立足从根本上解决当前影响农村改革发展稳定的突出问题，促进农村经济社会长远发展和巩固党在农村的执政基础，2010 年 5 月份以来，探索推行了农村社会管理"四个全覆盖"工作模式，即农村维稳组织全覆盖、基层民主组织全覆盖、农村经合组织全覆盖、基层党组织全覆盖，使处于"分散"状态下的农民重新组织起来，实现自我管理、自我服务、自我发展，有效破除了村级党组织作用弱化、村民自治虚化、农民致富难、农村维稳难的四道"坎儿"，农村信访量下降 50%。肃宁县"四个全覆盖"的全新工作模式在农村社会管理方面取得了好的实践效果，农村干部群众实实在在地得到了实惠，得到了全县农村广大干部群众的积极响应和真诚拥护，引起了社会各界的广泛关注。

案例介绍

一、问题的缘起

肃宁县位于冀中平原中部，全县 33 万人口，其中农业人口 29 万。主要产业有蔬菜种植、特种动物养殖、皮毛、纺织、食品加工、电器电料、图书印刷等，2005年，肃宁县被中国轻工业联合会、中国皮革协会正式命名为“中国裘皮之都”。近几年，肃宁县绿色无公害蔬菜种植面积飞速拓展，共有蔬菜种植专业村75个，种植户14000家，设施蔬菜12万亩，小拱棚蔬菜3.8万亩，年产各类蔬菜120万吨，已经成为京津冀地区名副其实的菜篮子。2009年，全县完成生产总值80.2亿元，财政收入7.5亿元，农民人均纯收入5216元，城镇居民人均可支配收入15496元，多项经济指标位于全省前列。取得这些成绩同时，肃宁县委、县政府结合对科学发展观和中央有关农村工作文件的学习，也在反复思考如何解决目前存在的一些体制、机制障碍，把维护好、发展好农民的切身利益与完善农村社会管理结合起来，以进一步维护农村和谐稳定，促进全县经济社会又好又快发展。

改革开放以来，广大农村普遍实行了统分结合的家庭联产承包责任制，农民群众重新焕发出勤劳致富的热情，农民群众的生产生活、农村面貌发生了翻天覆地的巨大变化。随着农村生产力的解放和发展，催生了农村经济结构、生产组织经营形式和收入分配方式等经济基础方面的深刻变化，但是，由于农村上层建筑领域改革的相对滞后，产生了农村上层建筑与经济基础不相适应的一些深层次矛盾和问题。近年来，肃宁县委认真贯彻落实党在农村的各项方针政策，以税费改革为核心，大力推进农村综合配套改革；以村民自治为重点，大力推进农村基层民主政治建设；以统筹城乡发展为手段，大力推进农村经济和社会事业协调发展，为实现好、维护好、发展好广大农民群众的根本利益和民主权利，保障和改善农村民生事业、促进经济发展和社会和谐进步发挥了巨大作用，农村上层建筑领域一些长期积累的矛盾和问题有所化解。但在推进农村改革发展稳定的具体实践中，肃宁县委也清醒地认识到，当前农村工作面临的形势依然十分严峻，长期积累的一些制约因素不但尚未根除，有些还在加重；同时，随着工业化、城镇化、市场化、信息化的深入发展，农村新的矛盾问题还会不断显现，有些还难以预料。基于以上认识，肃宁县委始终把加强和改善新形势下党的农村工作，妥善处理农村改革发展稳定的突出问题，作为一个重大的理论和实践课题进行研究探索，在审视县情、分析形势、反复调研的基础上，找出了当前农村经济社会发展中存在的五个方面的突出矛盾和问题。

1. 农村经济发展已由过去快速发展的黄金期进入了缓慢发展的平台期。联产承包责任制，农民群众拥有了生产经营的自主权，极大地激发了农民群众的生产积极性，农村经济进入了快速发展的黄金期；但随着农村生产力的快速发展和市场经济的逐步推进，一家一户分散独立的生产经营方式，也暴露出了生产规模小、成本高、效益低，农业增效难、农民增收难等问题。一方面广大农民群众既不了解市场，不掌握信息，更不懂技术和管理，靠自身势单力孤单打独斗，很难在市场经济风浪的搏击中站稳脚跟，有所作为；另一方面，广大农民群众也很难适应当前集约化、规模化、标准化等现代农业发展的趋势。如何实现好最广大农民群众的利益，让广大农民群众走上共同富裕的道路，打破一部分人先富起来，大部分人富不起来的僵持局面，实现农村经济发展的再一次突破和跨越，成为肃宁县委农村工作必须解决好的一个根本性问题。

2. 农村基层党组织作用弱化，缺乏作为。农村基层党的工作，长期以来还没有从计划经济的传统工作模式中彻底解放出来，严重滞后农村经济社会发展步伐，党的农村工作出现了诸多不适应，面临着许多新课题、新挑战。在农村党的基层组织设置上，单纯以行政村为单位的传统模式，形式单一，覆盖面窄，已经越来越不适应现代市场经济的需要，存在着党员找不到组织，组织找不到党员的现象。虽然这些年来，肃宁县在农村党组织建设上进行一些有益探索，比如在产业链上建立了19个行业党组织、163个党小组，但仍然不能适应农村经济社会结构不断变化，党员流动性日益增强的新趋势，很多行业、领域和地带存在着党组织设置和党的工作空白点，部分经济组织、民间社会组织游离于党的工作视野之外。在工作方式上，有的村级党组织观念陈旧、方法简单，沿用“支部说了算、群众跟着干”包揽代办的老套路，往往一片好心却办了不少群众不理解、不拥护，甚至反对的好事、错事，致使党组织与农民群众的关系越来越疏远，甚至个别村级党组织走向了群众的对立面，在群众中失去了威信，没有了往日的话语权，向心力和凝聚力越来越弱。在作用发挥上，找不到着力点和切入点，不知道干什么、怎么干？肃宁县委抓住农村“两委”班子换届的有利时机，村级党组织“散、软、瘫”的状况切实得到了有效解决，组织建设有了明显的加强和改善；但在部分经济发展缓慢，没有集体经济，债务负担沉重的村，由于长期以来村集体财力匮乏，无钱办事，村干部能力素质偏低等原因，村级党组织领导班子换了一茬又一茬，村里的经济和社会事业发展依然没有起色。农村基层党组织存在的这些问题，在一定程度上影响了党组织作用的发挥，甚至动摇党在农村的执政基础。

3. 农村社会管理长期处于自由松散状态。农村实行联产承包责任制以后，原有的以生产队为基础的组织体系被打破，农村基层党组织失去了生产经营的主体地位，不再统一管理农民群众的生产经营和收益分配，切断了农村基层党组织与农民群众联系的桥梁；同时，农民群众生产自主、生活自立，解除了对基层党组织的利益依赖关系，斩断了农村基层党组织与农民群众的利益纽带，致使党组织对农民群众组织、管理、教育、服务的功能作用难以发挥，农民群众生产生活上遇到难题，很少再找党组织帮助，往往自己寻找方法途径，自行解决。另外，随着农村经济发展，农民群众外出打工经商、合作办厂，人口流动性增强，农村社会管理松散自由的程度日益加剧。

4. 群众的民主权利得不到有效保障。近几年来，肃宁县以村民自治为重点，大力推进农村民主政治建设，农民群众自我管理、自我教育、自我发展，当家作主的意识明显增强，农村民主政治建设呈现出逐步加强，不断完善的良好态势。但从实际看，由于基层民主政治组织不健全，缺少农民群众行使民主权利，实现当家作主的平台和载体，农民群众的民主权利得不到有效保障，出现了“半截子”民主。有相当一部分村级党组织沿用过去党的一元化领导方式，搞干部说了算的“家长制”、“一言堂”，再加上个别村干部在处理集体收支、征地补偿等热点问题上不公开、不透明，少数人说了算，根本不让群众知情参与。另外，村民自治目前还只停留在选举村干部上，选举完了权利也就终止了，在处理村内重大事务上群众知情权、决策权、监督权得不到有效保障，出现了群众想参与没机会、想决策没权利、想表达没渠道、想监督没办法等问题，“村民自治”异化为“村官自治”，严重挫伤了农民群众政治参与的积极性。

5. 农村矛盾纠纷多，社会治安不稳定。农村贫富差距的逐步拉大，贫困群众心里不平衡感越来越强烈，心态不稳、情绪不顺。此外，随着农民群众平等意识、民主意识、权益意识的不断增强，群众各种利益诉求增多，农村矛盾纠纷日趋复杂多样，化解难度也越来越大。从肃宁县来看，主要集中在惠农政策落实、占地拆迁、土地流转、宅基地发放等一些关系群众生产生活的现实利益问题上，往往由于诉求渠道不畅，处置不当，引发矛盾纠纷。肃宁地处沧州、保定、衡水三地交界处，区位特殊，陆路交通四通八达，出入便捷，再加上肃宁作为“中国裘皮之都”，买全国、卖全国，流动人员多，农村盗、抢案件多发，治安形势异常复杂严峻。随着农村集体组织职能弱化，农村治安无人管，再加上农民群众各顾各的家、各干各的事，邻里之间、群众之间关系疏远，遇事无人帮，群众担惊受怕，警力难以控制。长期以来，农村的社会和谐和治安稳定问题成为肃宁县委农村工作最为头痛的一个现实问题。

肃宁县委在全县开展第二批深入学习实践科学发展观活动中，县委把加强和改善对农村工作的领导，破解“三农”难题，推进农村经济和社会事业健康快速发展作为贯彻落实科学发展观的一项根本性、长期性的战略任务，在对农村工作回顾梳理、聚焦问题、剖析根源、总结经验的基础上，县委认为当前影响和制约农村改革发展稳定的关键问题是没有把农民群众重新组织起来，同样做好农村工作关键也在于重新把农民组织起来。

基于上述认识，县委提出了把农村基层党组织、民主政治组织、经济合作组织、基层维稳组织系统化建设的意见，通过反复讨论研究、广泛征求意见，得到了广大干部、社会各界高度认同和农民群众热烈拥护。在农村推行“四个全覆盖”成为县委加强和改善党的农村工作，推动农村经济社会健康快速发展的重要抓手和主攻方向，成为当前开展“创先争优”活动，增强农村基层党组织战斗堡垒作用，党员队伍先锋模范带头作用的主要载体和有效举措。

二、主要做法

“四个全覆盖”是一项打基础、利长远、惠民生的系统性工作。在“四个全覆盖”推进过程中，肃宁县委坚持把“四个全覆盖”作为统领农村工作的总抓手，牢固树立“长期抓、抓长期”的战略思想和“以人为本、务求实效”的工作理念，脚踏实地、扎扎实实地逐步推进“四个全覆盖”向纵深发展。具体工作中他们的主要做法是：

1. 强化工作措施。

一是加强组织领导，落实工作责任。2010 年 5 月 18 日，肃宁县委召开了全县农村社会管理“四个全覆盖”推进动员会议，8 月 4 日，县委召开了十届九次全会，就推进“四个全覆盖”向纵深推进，进行了再研究再部署。县委分别制订了推进四个组织全覆盖工作的实施意见，成立了“四个全覆盖”专门领导机构。乡镇一级也成立了相应领导机构，乡镇党委书记为第一责任人，乡镇主管领导为直接责任人，村支部书记为具体责任人。县乡两级还专门成立了督导组，深入一线，督导落实。组织部门将“四个全覆盖”工作纳入年度考核。财政部门拿出专项经费，为推进“四个全覆盖”提供资金保障。乡镇和县有关部门全力配合扶持四类组织建设。二是营造浓厚氛围，注重示范带动。县乡两级通过开展丰富多彩的宣传活动，使“四个全覆盖”家喻户晓，深入人心，广大基层干部群众积极配合、主动参与，形成了推动四个组织延伸覆盖的强大合力。各乡镇筛选了2～3个代表性强的村列为重点培树典型，既让基层干部群众看到了"四个全覆盖"的工作成果和给农民群众带来的实惠，坚定了信心、激发了热情，又促进了"四个全覆盖"工作点面互动，整体推进。三是加强规范引导，鼓励开拓创新。县委推进"四个全覆盖"工作领导小组制定了"四个全覆盖"总体工作标准，加强规范指导，使乡村两级在推进"四个全覆盖"的具体工作中，有章可循，规范运作。同时县委也认识到"四个全覆盖"作为一个全新的工作模式，还需要在实践中探索，在探索中创新，在创新中完善。县委在确保规范运行、健康发展的前提下，积极鼓励乡村两级总结经验、探索规律、创新方法、完善机制，为"四个全覆盖"健康有序发展提供动力保障。

2. 完善组织体系。

（1）推进农村维稳组织全覆盖。在全县农村探索推行了"3+1"基层维稳组织模式，即：在村一级建综治工作站，设"一干两员"（综治专干、治安隐患信息员和矛盾纠纷调解员），由村"两委"班子成员兼任。在过去生产队或现居住片区，建综治小区，管辖40到60个农户，综治小区内每10户为一个综治小组。此外，村内还组建了治安巡防队，24小时治安巡逻。县财政每年安排专项资金，对综治区长每人每月给予80元的工作津贴。目前，全县农村普遍建起了"站、区、组、队"组织，其中，村级综治工作站255个，综治小区1479个，综治工作小组5578个，聘任村级"一干两员"759人，巡防队员1739人。

（2）推进基层民主组织全覆盖。肃宁县借鉴外地经验，村级普遍建起了村民代表大会，决定村里的重大事项；整合村务公开监督小组、村民理财小组的职能成立了村民监督委员会，形成了党支部领导、村代会决策、村委会执行、村民监督委员会监督的村级组织体系和工作运行机制，把民主选举、民主决策、民主管理、民主监督连接成了一个完整的链条。目前，全县253个行政村建起了村代会、村民监督委员会等民主组织245个，覆盖率达到95%。

(3) 推进农村经济合作组织全覆盖。肃宁县积极创新农村经合组织培育模式，通过采取能人大户领办、村组农户联合、院校基地合作、龙头企业带动、流通市场链接等方式，大力培育各类农村经济合作组织。通过建立健全各种协会、专业化服务组织和农业产业化组织，把全县农民有效地组织起来，农民群众由过去一家一户独立生产经营变为有组织的生产经营，由产中收益变为产中、产后双收益，由单打独斗闯市场变为抱团上阵抢市场，大大提高了劳动生产率，降低了生产成本，发挥了规模效应，促进农业增效、农民增收。经济合作组织在内部管理上实行“六自四有”管理模式；在利益分配上，组织与会员间形成了“双方自愿、互惠互利、风险共担、利益均沾”的利益分配机制。

(4) 推行基层党组织全覆盖。肃宁县在做好“村两委”换届扫尾工作基础上，适应市场经济和农村社会发展的新特点，创新党组织设置方式，把党组织建到各类经济组织、综治维稳组织、基层民主组织和园区、社区中，建到产业链条上，做到群众在哪里，党的工作就开展到哪里，党员走到哪里党组织就跟到哪里，把党的政治优势、组织优势转化为管理优势、服务优势。今年以来，全县农村新建各类党总支 10 个，党支部 18 个，党小组 1461 个，其中维稳组织党小组 1026 个、民主组织党小组 300 个、经合组织党小组 81 个，其他类型党小组 54 个。

3. 抓关键上水平。

(1) 抓村“两委”班子。村“两委”班子是“四个全覆盖”的工作主体。肃宁县委在全县各个村都派驻了“四个全覆盖”工作队，协助村“两委”尽快建立健全村一级各类社会管理组织和工作运行机制。同时，在村“两委”班子成员中开展“我为‘四个全覆盖’带好头”主题教育活动，鼓励和动员广大村干部当先锋、做表率，带头接受监督，带头化解矛盾纠纷，带头创业致富，使村“两委”班子成为推进“四个全覆盖”的强力支撑。

（2）抓村民代表。村民代表是“四个全覆盖”的工作骨干。肃宁县在村民代表选举产生之后，村民代表的作用并没有局限在村代会参政议政的狭小圈子里，而是动员村民代表参与到“四个全覆盖”各个工作领域中来，使村民代表成为“四个全覆盖”组织体系的连接点，成为密切组织与组织、干部与群众、群众与群众之间关系的桥梁，成为配合乡、村两级推进“四个全覆盖”拓展延伸的工作骨干。

（3）抓经合组织负责人。农村经合组织负责人是“四个全覆盖”的工作标杆。肃宁县委认为，一个好的经合组织负责人，既是农村经济发展的领跑者，也是农民群众共同富裕的引路人；既是农村社会公益事业发展的贡献者，也是组织内农民群众的代言人。县委始终把培育、壮大经合组织负责人队伍作为重要工作任务牢牢抓在手上，筛选确定了一批企业经营者、农村致富能手、种养大户作为重点培养对象。在政策上给扶持，帮助他们解决资金、技术、土地流转等方面的实际困难，营造宽松的创业环境；在政治上给待遇，优先培养加入党组织，优先选拔为村“两委”干部，优先授予各类政治荣誉。

三、取得的成效

肃宁县在全县农村大力实施农村基层党组织、基层民主组织、农民合作组织和农村综治维稳组织“四个全覆盖”，使农村基层党组织把农村广大党员群众紧密地团结在党组织周围，找到了推动发展、服务群众、凝聚人心、促进和谐的载体和渠道；让广大农民群众拥有了自己的“家”，找到了致富的路和民主的桥；带来了农村工作的新突破，催生了农村经济社会发展的新变化。到目前，“四个全覆盖”实施仅仅4个月时间，却取得了令人惊喜的显著成效。

1. 巩固了党在农村的执政基础。通过推行农村基层党组织全覆盖，把党的组织机构拓展延伸到农村各个领域、行业和地带，加大了党组织机构在农村的覆盖范围和覆盖密度，形成了条块结合、覆盖各方的基层党组织网络。把党组织建到各种经济组织、综治维稳组织和基层民主组织中和产业链条上，农村基层党组织找到了发挥作用的平台和载体，加强了对农村经济、民主政治、社会稳定等工作的领导，实现了组织功能和工作方式由直接决策到出谋划策，由直接指挥到引导服务，由直接领办到搭建平台的根本性转变，提高了党领导农村工作的能力和水平。广大党员在联系群众、服务群众的过程中，通过设岗定责、依岗承诺、评星挂牌，把党的旗帜亮出来，发挥了先锋模范作用，凝聚了民心、树立了形象。此外，通过“四个全覆盖”体系，把一批有本事、有威信、懂经营、会管理、群众认可的乡村“能人”，团结到了党组织周围，并逐步吸收到党员和村干部队伍中来，进一步优化了党员和村干部队伍，壮大了基层管理力量，巩固了党在农村的执政基础。

2. 密切了党群干群关系。通过建立健全“村代会”、“村民监督委员会”等村级民主组织，形成了党支部领导、村代会决策、村委会执行、村民监督委员会监督的村级组织新架构和工作运行新机制。村级民主组织的建立，为农民群众参政议政提供了平台、畅通了渠道，保证了农民群众行使民主权利的规范化和常态化。新的工作运行机制，一方面，做到了还权于民，村里的重大事务都由村民和代表来决定，实现了“为民做主”到“由民做主”的转变，保证了村级重大事项决策的科学化、民主化；另一方面，确保了村务公开透明、规范有序运行，人是大家选的，事是大家定的，钱是大家管的，过程是大家看着办的，破解了民主理事、民主理财、民主监督落实不到位的难题，理顺了群众情绪，规范了干部行为，密切了党群干群关系。入村调研时，有的村干部高兴地说，过去村干部村民两条心，现在变成了一条心；过去村里的事儿，村干部管，现在是大伙的事儿大伙商量着办。据调查了解，今年1—8月份，肃宁县农村上访量同比下降70%，没有发生一起到县集体访。在处理征地拆迁、修路、村内公益事业建设等村内重大事项上，让村民代表参与决策管理，一些村民代表由过去的“消极面”转变为

“积极面”，一些村干部反映“压力减轻了、工作好干了”！今年6月份，配合全县开展的整顿市容市貌活动，城关镇西北街村党支部提议对村里一条主要街道进行集中整治，经村代会讨论通过后，15名村民代表主动出面做沿街群众工作，只用了三天时间就完成了任务，共清理各类沿街杂物100多处、临街树木260多棵。村干部说，这事放在过去连想都不敢想！

3. 促进了农村经济发展。通过建立健全各类协会、专业化服务组织和农业产业化组织，逐步把所有农民吸纳到各类经合组织中来，同时，把农产品的种植示范培训、生产收购、加工销售等各个环节的利益“捆绑”在一起，一头牵农户，一头联市场，形成了一个有机的产业化“链条”，为农民开通了“致富路”，架起了“致富桥”。截至目前，全县已建立起各种协会、专业化服务组织和农业产业化组织147个，涉及150多个村，带动农户近4万户，户均增收3000多元，加入合作组织的农民群众切实尝到了甜头，增加了收入。各类经济合作组织的快速发展，大大提升了全县农业产业化经营水平和农民进入市场的组织化程度。在经合组织的带动下，全县特种动物养殖、设施蔬菜种植等特色产业迅速发展壮大。目前，全县共发展特种动物养殖经合组织62个，养殖专业村89个，专业大户10600户，年出栏貂、狐、貉等珍稀皮毛动物220万只，年产值达7.8亿元；发展设施蔬菜经合组织56个，全县设施蔬菜种植面积达12万亩，年产各类蔬菜120万吨，总产值达6.85亿元。

4. 维护了农村社会和谐稳定。“3+1”组织模式，使广大农民群众成为维护农村和谐稳定的主体。这一组织和工作模式划小了农村社会管理层次和管理幅度，村里的各种矛盾和问题能够在第一时间，在群众当中就能得到及时解决，减轻了乡、村两级工作压力，实现了党委、政府组织管理与农民自我管理有机结合，有限的警力与无限的民力之间的有机结合。今年以来，肃宁县通过村级维稳组织，共化解各类矛盾纠纷268起，解决各类治安问题117件，有力维护了农村的安全稳定。另外，村民致富有人帮、遇事有人管，村民之间、村民与村干部之间密切了联系，增进了感情，带动了村风、民风的改善，树立了祥和文明、健康向上的人文风尚。

案例点评

1.“四个全覆盖”，是新的历史条件下加强和改善党的农村工作领导方法和工作方式的创新与实践，是抓重点活全局、出特色见实效，切实可行的有效工作方法，具有抓纲带目、统揽全局的重大意义。创新是当今时代的潮流，是当代中国的主旋律，也是加强和改善党的农村工作的强大动力。当前我国正处于“黄金发展期”和“矛盾凸显期”并存的特殊历史时期，随着农村经济政治体制，农民经济政治地位和利益实现方式，农村党的领导职能及实现方式，农村基层党组织和党员队伍等方面的深刻变化，使党在农村的领导环境发生了根本性改变。在革命和计划经济时代，党对农村工作的领导积累了丰富经验，形成了成型的体制机制和有效的工作方式方法，但随着农村党的领导环境的深刻变化，党的农村工作面临着许多新课题、新挑战。创新领导理念、领导方法和工作方式，加强和改善党的农村工作，实现党对农村的有效领导已经成为县一级党委必须直接面对，务必亟待解决的一个重大现实问题。肃宁县委结合本县农村工作实际，顺应农村经济发展的新形势，坚定不移地走共同富裕道路；顺应夯实党执政组织基础的新要求，进一步加强和改进农村党的基层组织建设；顺应发展农村基层民主政治建设的新期待，完善符合农村实际的基层治理机制；顺应农村利益格局深刻变化的新趋势，积极促进农村和谐稳定，探索出了一条加强和改善党的农村工作的新路子。实践表明，这一成功创新之举，显示出了旺盛的生命力，产生了巨大的影响力。

2.“四个全覆盖”，把广大农民群众重新组织起来，既抓住了从根本上解决当前农村问题的核心和关键，又为未来农村发展打下了坚实的基础，提供了有力的保障。历史唯物主义认为：“人民，只有人民，才是创造世界历史的动力。”把分散的农村动员起来，把广大农民组织起来进行革命和建设，既是马克思主义群众观点和党的群众路线的根本要求，也是我们党取得革命、建设和改革开放一个又一个胜利的关键所在。党的十六大报告深刻揭示了党的领导本质，就是“领导和支持人民群众当家作主，最广泛地动员和组织人民依法管理国家和社会事务、管理经济和文化事业，维护和实现人民群众的根本利益”。当前由于农村生产生活组织化程度低，农民长期处于自由松散的状态，落入了孤立无助的境地，农民群众在农村经济和社会事业发展中的主体作用得不到充分发挥和实现，农民群众的民主权利得不到根本保障，越来越严重影响和制约着农村的改革发展和稳定。从肃宁县的实际来看，当前无论是解决一家一户的小农经济有效“对接”联系广泛的市场经济，农户获得更好的经营效率和更多的市场收益；搭建农民群众民主自治的平台和载体，把农民群众的民主权利落实到位；实现乡村社会的有序管理和提高公共服务水平；有效保障农村剩余劳动力的顺利就业和有序转移；还是进一步加强和改善党对农村工作的领导等问题，其核心和关键都在于把农民群众重新组织起来。肃宁县推行“四个全覆盖”，通过建立农村民主政治组织、综治维稳组织、经济合作组织，把分散独立的广大农民群众有效地组织起来，形成了一个完整的农村社会组织体系，再通过在各类社会组织中建立党组织，把广大农民群众紧密地团结在党组织周围，用共同的追求凝聚了人心、用紧密的组织团结了群众、用指导服务的方式联系了农户、用群众的办法治理了乡村，实现了党领导农村工作与农民群众自我发展、自我管理的有机结合，既巩固了党在农村执政的群众基础，又保持和发展了广大农民群众创业致富的劳动热情，为农村经济和社会事业健康快速发展凝聚了强大合力。

3. “四个全覆盖”，既是一个内容丰富、综合性强，彼此相互依存、相互促进的系统工程，又是一项打基础、利长远、惠民生的长期而艰巨的战略任务，必须用统筹兼顾的方法谋划部署，树立长期的思想推动落实。目前，农村问题的复杂性、综合性、长期性、多变性特点，决定了在解决方式方法上，必须坚持马克思主义普遍联系的观点和系统论的方法，采取综合性的政策措施，多策并举、综合施治，任何单项措施或“单兵作战”，只能“头痛医头、脚痛医脚”，达不到预期的效果。只有突破传统的就稳定抓稳定、就民主抓民主、就增收抓增收的工作局限，综合运用政治、经济、社会、文化等多种措施手段，才能从根本上彻底解决影响和制约农村改革发展稳定的突出矛盾和问题。肃宁县推行的“四个全覆盖”就是着眼于促进农村经济、政治、文化、社会的全面、协调发展，通过党组织全覆盖，加强和改进了农村基层党组织建设，农村民主组织全覆盖，推进了农村基层民主政治建设，农村经合组织全覆盖，促进了农村经济发展，综治维稳组织全覆盖，维护了农村和谐稳定。“四个全覆盖”，涵盖了农村政治、经济、文化、社会和党的建设诸多工作领域，不仅内容丰富，涉及面广，而且立意深远、任务艰巨，既不能一蹴而就，更不能一劳永逸，必须作为一项系统工程来统筹谋划，作为一个有机整体来协调推进；必须坚持长期抓、反复抓的战略思想，作为一项长期性的根本任务来落实，切实做到不断完善工作机制、创新工作举措、提高工作水平，确保“四个全覆盖”由点到面、有浅入深，稳步推进。

以社会管理机制创新做好禁毒工作

——以四川省广元市为例

案例提要：2011 年 2 月 19 日，胡锦涛总书记在省部级主要领导干部社会管理及其创新专题研讨班开班式的重要讲话中明确提出了新形势下加强和创新社会管理的指导思想、目标和任务、以及当前加强和创新社会管理的八个重点工作。其中一个重点工作就是“进一步加强和完善流动人口和特殊人群管理和服务”。其中提到的特殊人群包括对吸毒人员的帮教管理和服务工作。如何做好这些社会管理工作？胡锦涛总书记强调了要加强和完善社会管理格局，即健全和完善党委领导、政府负责、社会协同、公众参与的社会管理格局，健全基层社会管理体制，发挥群众参与社会管理的基础作用。这就明确地界定了不同社会主体在新的社会管理格局中的地位、作用和责任。其目的是要调动社会不同主体参与社会管理的积极性和创造性。毒品问题作为一项涉及到人民群众身心健康和社会安全的社会问题，四川省广元市正是创新社会管理机制，实现了“党委政府负总责、禁毒综治牵头抓、公安政法打主力、成员单位履职责、社会各界共参与”，打了“十年创建，三年攻坚”的禁毒人民战争，才取得了禁毒工作的好成绩。

案例介绍

一、问题的缘起

广元位于川陕甘三省结合部，是进出川交通要道和川北重要门户，辖四县三区，幅员1.63万平方公里，人口304万。上世纪90年代中后期，受国际国内毒潮和周边毒品渗透扩散影响，广元县县有吸毒人员，年年有种毒案件，毒品问题引发的刑事治安案件频繁发生，毒品问题成为当时影响广元社会治安稳定的突出问题。2000年开始，广元市政府做出了要创建无毒社区的决定，他们认识到，毒品不再只是一个简单的法律问题或是经济问题，还是一个复杂的社会问题。与毒品的博弈，不能只靠公安部门的孤军奋战，还需要仰仗全社会的合力。2007年6月，在全国地级市当中率先提出要创建无毒害市的目标。在十年的时间里，全市的吸毒人口由10年前2000多人下降到1000人左右。目前，广元7个县区都建成了“无毒害县（区）”，覆盖面达100%；全市233个乡镇（街道）有226个被命名为“无毒乡镇（街道）”，覆盖面达到97%，新型毒品问题得到有效治理；人民群众对禁毒工作的满意率达到95%，全市范围内基本扫除了毒品危害，基本实现了“无毒害市”创建目标。走出了一条具有广元特色的创建之路。今年5月，广元“无毒害市”创建工作顺利通过了省禁毒委的检查验收，国家禁毒办、公安部禁毒局对广元的“无毒害市”创建工作也给予了充分肯定和高度评价。在禁毒方面取得这样的好成绩，得益于他们社会管理机制的创新。

二、主要做法

1. 禁毒工作党委领导，政府负责。

首先，党委政府高度重视禁毒工作。2000年，广元市党委和政府就提出创无毒社区，2007年在全国地级市率先提出创无毒害市的目标，在全市统一各级干部的思想认识，并将其作为社会管理创新的重要抓手，作为重大的民生工程、基本的发展环境和广元的一张亮丽“城市名片”来打造。这是他们认识到位。现任市委书记高烽同志在调研指导禁毒工作时强调：“抓好禁毒工作既是各级党委政府的重大政治任务，也是对各级领导的重大政治纪律。其次，各级党委政府要切实担负起责任，全面落实禁毒工作措施，充分发动群众，打人民战争，根除毒瘤，构建无毒和谐的新广元”。再次，党委政府决策到位。广元市委市政府先后出台了《开展“无毒害市”创建活动的意见》（2007年），发布了《创建“无毒害市”通告》（2007年），市人大作出了《开展“无毒害市”创建活动的决议》（2008年），市委市政府发出了整治毒品犯罪，净化社会空气的信号。四是目标责任到位。明确各级党委、政府主要领导是本地区创建工作的第一责任人，层层签订了创建工作目标责任书，一级抓一级，一级对一级负责，形成了纵向到底、横向到边的创建责任体系。广元市委市政府坚决执行四川禁毒委关于《创建“无毒社区”工作考评办法》的通知，将禁毒工作作为干部考核的一项任务。警示各级干部要重视禁毒工作。第五，创建了一个“党委政府负总责、禁毒综治牵头抓、公安政法打主力、成员单位履职责、社会各界共参与”的禁毒工作机制，2010年，市委市政府将“无毒害市”创建工作写入了市委全委会和政府工作报告，2010年出台了《创新社会管理建立健全禁毒工作长效机制的意见》，发挥多种社会主体的禁毒作用。在这场十年战役中，广元公安担当起冲锋主力，着力于建立健全禁毒保障、缉毒破案、戒断康复、预防教育等禁毒工作长效机制，有效维护治安大局，进而实现全面禁毒的目标。六是经费保障到位。广元地处川北贫困山区，7个区、县都是国贫、省贫县，对上级财政依存度达70%以上，人均财力仅1.6万元，很大程度靠转移支付维持运转。在财力十分紧张的情况下，市本级和各区、县都将禁毒工作经费纳入了财政预算，每年专门安排经费抓创建。2000年至2006年全市共投入创建经费360万元，保障了“无毒”创建工作的正常开展。

2. 充分发挥社区禁毒的作用。

社会主义市场经济的建立和完善，使得原有的“单位制”迅速解体，“单位人”逐渐过渡到“社会人”，社会成员从原来的单位制下分离出来，进入社区，社区越来越成为人们生活的主要空间。政府逐渐由原来的全能式政府向有限型政府转变，因此，加强社区建设、开发社区资源，是社会管理创新的重要内容。禁毒工作是一项长期而艰巨的任务，社区作为社会的最基层组织，处于禁毒工作第一线，任务尤为繁重。2010 年 11 月 26 日，四川省社区戒毒和社区康复工作推进会召开。会后，广元市结合实际，采取“五措施”强力推进社区戒毒（康复）工作。

一是提高认识，落实保障，全面推进社区戒毒（康复）。社区戒毒和社区康复工作是禁毒工作很重要的一项内容，也是一项复杂而又系统的工程。市局禁毒支队迅速成立戒毒康复工作小组，进一步细化措施，落实责任，积极争取各级党委、政府的重视与支持，千方百计落实经费保障，全面推进社区戒毒（康复）工作。二是健全机制，完善措施，夯实社区戒毒（康复）工作基础。按照市委、市政府出台的《关于创新社会管理建立健全禁毒工作长效机制的意见》〔2010〕62 号文件精神，全市迅速强化社区戒毒（康复）工作站基础设施建设，力争每个工作站达到有一名社区戒毒专职工作人员、有一间社区戒毒办公室、有一个社区戒毒工作领导小组、有一套宣传教育资料、有一套戒毒人员档案资料、有一批帮教小组的“六个一”标准。三是强化帮教，以人为本，助力推进吸毒人员身心康复。针对每一名戒毒人员，各社区戒毒（康复）工作站实行社区民警、社区干部、家庭或亲属、单位、志愿者“五位一体”和党员干部“挂帮包”双重帮教。四是总结经验，创新方法，提高社区戒毒（康复）工作实效。在学习借鉴其他城市戒毒康复工作经验的基础上，全市各级禁毒部门不断总结经验，转变思维理念、创新管理机制、改进工作方式，进一步巩固和扩大了戒毒成果。五是宣传发动，覆盖到位，动员全民参与社区戒毒（康复）。社区戒毒（康复）工作是全社会共同的责任，全市依托教育、共青团、妇联、工会等部门和组织，针对重点人群、重点时段、重点部位进行了多层次、多形式、多措施的推进社区戒毒（康复）宣传行动，普及毒品预防知识，传播禁毒观念，营造了全民参与禁毒的浓厚氛围。全市233个乡镇（办事处）中有226个为“无毒乡镇”，覆盖率达97%，这与社区发挥在禁毒中的作用是分不开的。

3. 广泛动员社会组织、社会志愿者、家庭学校积极参与禁毒活动。

社会组织从广义上是指为了实现特定的目标而有意识地组合起来的社会群体，如企业、政府、学校、医院、社会团体等。现代社会从组织形态而言，存在三类组织：政府组织、企业组织以及除上述两类组织之外的第三类组织。狭义“社会组织”，专指与政府和企业相区别的其他各类组织，例如工、青、妇组织和社会志愿者组织、义工组织等等。党的十六届六中全会通过的《关于构建社会主义和谐社会若干重大问题的决议》提出了社会组织的概念，并围绕社会组织的培育发展和管理监督进行了系统论述，使得社会组织作为一个重要的范畴得以确立。十六届六中全会围绕构建社会主义和谐社会，明确提出要“健全社会组织，增强服务社会功能。坚持培育发展和管理监督并重，完善培育扶持和依法管理社会组织的政策”，“发挥社区民间组织在社区建设中的积极作用”，“推进政事分开，支持社会组织参与社会管理和公共服务”，“引导各类社会组织加强自身建设，提高自律性和诚信度”等。在2007年党的十七大通过的政治报告中，把社会组织摆到了更加突出的位置，进行了多方面的论述。报告进一步确认了“社会组织”这一概念，首次将社会组织作为“发展基层民主，保障人民享有更多更切实的民主权利”的重要内容，提出“发挥社会组织在扩大群众参与、反映群众诉求方面的积极作用，增强社会自治功能”。强调“健全党委领导、政府负责、社会协同、公众参与的社会管理格局”，提出“完善社会志愿服务体系”。毒品问题不仅是社会问题，也是与每个社会成员息息相关的问题，它不仅毁灭自己、还危害家庭和社区，广元市委市政府广泛动员家庭学校和社会志愿者组织积极参与禁毒活动，取得了良好的效果。

在广元有一个自发组织起来的志愿者协会，历时三年，参与各种志愿者活动一百多次，正式和非正式志愿者人数由最初的几人发展到如今已无从准确计数。这些志愿者参与社会各项公益活动，例如：第一次活动是2007年参加献血献爱心活动；第二次活动是参加环境保护，绿色家园活动，清理果皮纸屑白色垃圾。还为白血病女孩募捐治病，还带着义卖、募捐所得款购买了大米、肉、油、鸡蛋、调味品、取暖用煤、衣服以及各种生活用品，送到下西两位老人的家里。近年来，这个志愿者协会在市委市政府的号召下，积极参与禁毒工作。他们组成十余支禁毒志愿者服务队、小分队，发展了禁毒志愿者1500余人。他们中有禁毒成员单位工作人员和各行各业的群众，在配合禁毒宣传工作的过程中，发挥着重要的作用。2010年2月25日下午两点，上万群众汇集在广元东坝利州广场，一场声势浩大的创建“无毒害市”迎检攻坚万人誓师大会在这里隆重举行，来自公安、武警、教育、文化、妇联等禁毒成员单位和社区群众等上万人参加，“我宣誓：我将牢记使命，弘扬抗震救灾精神，积极投身‘无毒害市’创建，努力构建平安和谐广元……”。志愿者协会有5名义工在团市委的组织下参加市创建无毒城市誓师大会的禁毒志愿者活动。启动仪式誓师大会上，广元市委领导宣读了授予全市禁毒示范单位和表彰优秀禁毒志愿者、优秀民间禁毒人士的决定；市领导为受表彰的优秀禁毒民间人士颁奖；学生代表、成功戒毒人员分别向全市发出了禁毒、戒毒倡议；与会人员、社区群众纷纷在万人签名墙上签名，表达了全市人民拒绝毒品、守卫一方净土的信心和决心。

广元的一些中学团委会、学生会组织学生禁毒志愿者走上街头、走进机关企事业单位、场所，开展了以“小手牵大手，齐御毒害，童心连众心，共创和谐”为主题的禁毒宣传活动。志愿者向城乡居民、机关、企事业单位干部、职工散发禁毒宣传资料，展示毒品仿真样品盒，讲解毒品及其危害，呼吁全社会深入了解毒品的危害、关爱家庭成员、关注禁毒工作、参与禁毒斗争。远离毒品、珍爱生命，也取得了良好的效果。

三、取得的成效

四川省广元市禁毒工作成效显著，有效抑制了毒品犯罪，维护了社会治安。按照当前我国城市化发展速度，在未来3～5年，中国将有50%的人口居住在城市。城市，成为现代人生活和工作的主要空间。随着我国由温饱型社会向发展型社会的转型，人们的需求不断地由物质性需求向社会性需求上升，生活在城市中的居民不仅需要城市有洁净的水和空气、整洁的街道，还必须有安全的社会环境。现代社会，毒品正肆虐我们的城市，并且正在由大城市向中小城市蔓延、由边界城市向内陆城乡蔓延。我们生活的城市、发展中的城市如果被毒品所侵害，这不仅直接损害我们城市居民的身心健康和生活质量，而且损害我们城市发展的社会环境和城市形象。毒品泛滥的城市不仅让本地居民充满焦虑与不安，也让外来人充满恐惧、不敢前往。当前，广元市在市委市政府和全市人民的共同努力下，7个县区都建成了“无毒害县（区）”，覆盖面达100%；全市233个乡镇（街道）有226个被命名为“无毒乡镇（街道）”，覆盖面达到97%。广元市禁毒工作取得的成绩是富民惠民、改善民生的务实之举；“无毒害市”的称号是提升广元城市形象、改善广元招商引资环境的亮丽名片。

案例点评

据全国吸毒人员信息数据库显示，截至2009年底，全国现有登记在册吸毒人员133.59万人，比2008年底增加209158人。在全国登记在册的133.59万吸毒人员中，男性占84.6%，女性占15.4%。从年龄情况看，35岁以下人员占58.1%。因此，全国的禁毒工作形势严峻。广元市将社会管理“党委领导、政府负责、社会协同、公众参与”机制创新运用到禁毒工作上，经过十年创建、三年攻坚探索出来的“党委政府负总责、禁毒综治牵头抓、公安政法打主力、成员单位履职责、社会各界共参与”的广元特色的无毒害创建模式和成功的经验，值得在全国推广。例如，为加强毒品查控，广元建立完善了交通、邮政、物流快递、铁路、民航等单位参与的“水陆空邮”毒品查控体系，建立了药监、卫生、工商、文化、安监等相关部门情报共享机制，市禁毒委发布了毒品违法犯罪举报奖励办法。近三年来，全市干部群众检举毒品违法犯罪线索160多条，协破案件35起。社会问题，社会治理，才能取得好的效果。广元巩固禁毒成果需要打持久战。目前，全国涉毒县两千多个，很快向全国剩余的无毒市县蔓延。全国的吸毒人员还在逐年上升，市场经济条件下，毒品经济带来的巨大利润仍然促使着一些人不惜以身试法，带着侥幸的心理继续从事制毒、贩毒的违法犯罪活动。广元地处川陕甘三省结合部，国际国内毒潮和周边毒品渗透扩散形势仍然十分严峻，据了解，与广元市毗邻的省内外地区，除巴中外吸毒人员都在千人以上。四川广元作为地级市的“无毒害市”在全国是独一无二的，要在四县三区、幅员1.63万平方公里、304万人口当中长期保持“无毒害市”的称号，需要我们广元市委市政府和全体广元人民在今后付出巨大的努力，打一场禁毒持久战。为此，从思想上充分认识毒品问题的长期性、反复性和艰巨性，要始终保持高度警惕，建立长效防毒机制，巩固无毒创建成果。从措施上，根据不断发展的形势，要实现禁毒机制和禁毒措施的不断创新，来有效应对新的毒品问题，确保“无毒害市”的长久性，为人民安居乐业，为广元市经济社会又好又快地可持续发展营造一个良好的环境。

成都锦江区适应社会转型创新城市基层治理体制

案例提要： 成都市作为我国中西部地区特大中心城市，全国统筹城乡综合配套实验区，创新城市治理方式就成为深化各项改革的重要内容。2007年以来，成都市锦江区以城乡统筹、“五位一体”科学发展为总体战略，以政府与市场分开、政府与社会分开、市场与社会分开为基本理念，探索建立起了以行政管理与社区自治互动、行政性公共服务与自治性公共服务互补、政府支持与社区资源共享的城市基层治理新模式，并取得了良好的效果。为我国城市治理新模式的形成作出了有益的探索。

案例介绍

一、问题的缘起

当前我国处于一个新的历史转折时期，由温饱型社会向发展型社会的转化（人的全面发展）。改革开放30年，中国人逐步解决了温饱问题，正在向小康社会迈进。这个过程，人们的需求发生了深刻的变化，当温饱问题解决之后，人们安全的需求、归宿的需求、社会公平和被尊重的需求、自我价值实现等社会需求大量上升，对社会管理体制创新的要求日益迫切。成都市锦江区根据社会发展形势的新变化，适应人民群众的新期待，2007年以来，以建设“社会协调发展创新区”为目标，在坚持科学发展、加快发展的同时，更加注重加强和创新社会管理。

通过改革街道管理体制、改革社区治理机制、改革社会组织管理体制等创新社会管理探索实践，基层基础工作进一步夯实，社会管理和公共服务水平进一步提升，巩固和实现了经济平稳较快发展、社会和谐稳定的局面。

二、主要做法

1. 改革街道管理体制，强化街道社会管理和公共服务职责。

2008 年以来，成都市锦江区按照政府与市场分开、政府与社会分开的原则，职能归位，各司其职，科学合理地界定街道办事处的职能和任务，着力解决部门职责交叉、权责脱节、职能边界不清、职能转变不到位的现象，改革街道办事处治理体制，形成了新的街道治理体制：彻底剥离街道办事处的经济管理职能，将工作重心从发展经济转移到强化公共服务和社会管理上来，主要负责基层党建、城市管理、公共服务、社区建设、安全监督、应急管理、社会稳定、社会治安综合治理等 8 个方面 35 项具体职责；强化区级部门的经济管理和服务职能，使其全面履行政府“经济调节、市场监管、社会管理、公共服务”的职能。

(1) 剥离街道经济职能，强化公共服务和社会管理。锦江区将街道办事处原来承担的招商引资、协税护税、固定资产投资、经济统计等经济管理职能，彻底剥离出去，划归政府相关部门，将工作重心从发展经济转移到强化公共服务和社会管理上来。调整后的街道职能重新界定为：一是综合管理职能，主要是与社区居民生活密切相关的劳动就业、社会保障、爱国卫生、计划生育、城市管理、社会治安、精神文明建设和社会稳定等。二是公共服务职能，主要是统筹整合公共服务设施资源、社会资源和行政资源，组织实施与居民生活密切相关的政务、投资环境、生活环境、文化生活等。三是指导自治职能，主要是指导社区居委会开展民主自治，吸引民间组织参与社区服务，组织动员社会力量共同构建和谐社区等。四是监督专业管理职能，主要是监督公安、工商、税务、安全生产、劳动监察、市政建设、环境保护、绿化、交通、食品安全、质监、药监、知识产权保护、文化市场监管等社会专业管理事务。为此，他们优化机构设置，厘清街道和区级部门的职责关系。按照“条块结合、纵向到底、横向到边”的原则，调整、整合、优化区级经济部门工作方案和职责，承接原街道办事处承担的经济工作。同时，他们还建立了配套制度，落实街道职能调整的保障措施。

(2) 成立功能区管理委员会。为有效承接街道剥离的经济管理职能，切实解决改革中存在的问题，进一步完善全区经济管理体制，强力推进重点区域产业发展，完善城市功能，促进产业升级，形成“资源利用集约，优势企业集群，重点产业聚集”的竞争优势，推动新一轮更高水平的经济增长，2008 年 6 月，锦江区按照“职能归位，各司其职”的原则，从彻底剥离街道经济管理职能入手，根据全区产业发展的基础和布局，设置了 5 个功能区管委会，作为区委、区政府派出机构。各功能区管委会主要负责按照全区城市建设规划、土地利用规划和产业发展规划，拟定功能区发展战略和产业发展规划，并做好战略、规划的组织实施工作；负责监测、分析和预测功能区产业发展态势，对功能区产业发展中存在的重大问题和热点、难点问题进行调查研究，及时提出政策建议；负责功能区范围内招商引资、对外开放工作；负责功能区各类投资项目的推进、协调、服务工作；承担固定资产投资目标任务；负责功能区范围内企业服务、协税护税工作；负责功能区内经济统计及分析工作等。通过功能区建设，锦江区打破了城市经济发展的区域壁垒和条块分割，增强了核心城区的统筹发展能力和整体竞争力；招商引资专业化水平明显提高，现代服务业发展先导区成效明显，现代商贸、金融、总部经济、文化创意等现代服务业快速发展，经济活力明显增强；区综合治税领导小组成立以来，各经济职能部门的主观能动性被充分地调动和发挥出来，综合治税能力显著增强，形成了“部门协作、信息共享、齐抓共管”的良好格局，形成了有利于企业加快发展的良好环境。锦江区因此荣获了“中国民营经济最具活力区”和“中国民营经济首选投资区”称号。

2. 改革社区治理机制，强化社区民主自治功能。

锦江区现有街道16个，社区59个（城市社区43个，涉农社区16个）。针对实际工作中由于职责不清而造成职能错位、越位、缺位的现象，2008年10月，锦江区按照加强党的领导、强化居民自治，提升公共服务水平，政社分开、职能归位、社会力量广泛参与社区建设的总体思路，启动了社区治理机制改革工作试点，截至今年5月底，全区59个社区已全部实施了社区治理机制改革，形成了以社区党组织为核心、社区居民代表会议及其工作委员会和社区居民委员会为主体、社区公共服务站为平台、社会组织参与服务为必要补充的社区治理新机制。

(1)“一改”——改集体经济组织为公司，壮大集体经济。在对原有农村集体经济组织的资产进行清产核资的基础上，组建以全体村民为成员的新型集体经济有限责任公司；对集体经济组织的经营性净资产进行折股量化，每位村民一股；按照《公司法》设置股东会、董事会、监事会，制定新型集体经济组织股东代表推选办法、董事会和监事会选举产生办法以及总经理聘任办法；由全区“198”范围内（198区域指环绕成都市中心城区内的198平方公里的非建设用地，主要分布于成都市三环路以外，外环路以内）的11个村新型集体经济组织共同出资，成立“成都市农锦资产管理有限责任公司”，统一负责“198”区域的土地整理、流转和经营。

(2)“一撤”——撤村改居，建立社区治理体制。全面撤销16个村组建制，成立16个社区居委会，设立社区党总支部或者党委，通过“公推直选”产生社区党组织和社区居委会领导班子，打破城乡体制上的二元结构，实现涉农社区治理体制与城市社区接轨，城乡居民社会服务全覆盖。

(3)“两分离”——剥离社区的政府职能和经营职能，促进职能归位。一是在城市社区实现原居委会承担的政府职能与社区自治职能分离。建立社区公共服务站，把社区居委会承担的政府公共服务职能分离出来，由社区公共服务站承担；区级部门的审批服务类事项全部下放社区公共服务站，对暂不具备下放条件的转移类及非行政审批类事项简化审批程序，将原有的“社区—街道办事处—区级职能部门”三级工作流程，缩短为“社区公共服务站—区级职能部门”两级工作流程；在社区公共服务站设立统一规范的服务窗口，定期发布《社区公共服务站服务事项目录》。二是在涉农社区实现原村委会的自治职能与经营管理职能分离。通过对传统集体经济进行股份制改造，使集体经济的经营管理职能与社区居委会的自治职能分离，集体经济由新型集体经济组织自主经营，确保涉农社区居委会职能归位。

（4）“三强化”——强化领导核心作用、自治作用、自我服务作用，提升自治功能。一是强化社区党组织的领导核心作用。优化社区党组织设置，普遍设立社区党委或党总支，实现党组织向院落、楼栋、单元及各类社会组织、经济组织的全覆盖；通过社区党组织书记担任社区居民代表会议工作委员会主任、社区党组织对社区重大事项拥有提案权、建立社区党建工作联席会等措施，使社区党组织充分发挥在社区治理中的组织、领导、监督作用；改革党员教育管理模式，推行单位、社区党组织双重管理制度，加强党员与党组织之间的联系；建立健全党员作用发挥机制，党支部向辖区党员发放《党员活动证》，记载党员参加社区服务的活动情况，并通过经常性开展活动，发挥党员带头参与社区建设的先进性作用。二是强化社区居委会的自治作用。成立社区居民代表会议工作委员会，与社区居民代表会议、社区居委会一起，形成社区事务决策、监督、执行“三分离”的自治格局。明确界定社区居委会的主要职能，建立社区工作准入机制，社区不再无偿承担职责范围以外的其他政府行政事务。实行居民代表常任制和社区重大事项提案制，明确社区居民代表的“四权”（即：提案权、评议权、监督权和罢免权）和参与社区自治的方式。完善自治机制和自治体系，成立住户管理委员会、业主管理委员会、家属管理委员会、业主自治管理监事会等居民自治细胞组织，采用手机短信、网络等信息手段，丰富社区居民代表参加议事决策的形式，尤其是完善“四会一走访”（民情恳谈会、社区事务听证会、社区居民代表会议、工作评议会，居委会成员定期走访联系群众）制度，真正发挥社区自治组织的作用。三是强化社会组织的自我服务作用。通过推进社区服务社会化、市场化、产业化，引导和发挥社会组织参与社区服务的积极性，促进覆盖全域的服务网络建立，不断满足社区居民需求。加大政府购买公共服务的力度，把政府部门可以不直接承担的社会服务性、事务性工作，通过委托、购买、授权等形式交给社会组织承担；针对社区成员多元化、需求多样化的实际，整合公共服务资源，拓展“社会协同”空间，推进政府购买公共服务、群众有偿个性化服务、志愿者参与义务服务的有机结合，发挥社区社会组织在参与社区公益事业中的作用。把完善社区服务与发展新型集体经济组织、促进就业结合起来，运用市场机制推动社会化、产业化的社区服务。

3. 改革社会组织管理体制，强化社会自我管理功能。

在改革城市基层治理机制中，锦江区充分发挥社会组织在社会管理和公共服务中的重要作用，按照“依托社区、服务群众”，“政府扶持、大力推进”，“自愿参与、市场运作”，“制度规范、严格监管”四项原则，依照“壮大服务类、做实事务类、规范活动类、发展慈善类、培育维权类”分类指导办法，减少限制条件，降低准入门槛，简化设立程序，鼓励社会组织发展，并结合锦江实际，创新了社会组织管理方式。

（1）创新社会组织管理方式。一是实行登记备案双轨制。出台了《锦江区社区社会组织备案管理暂行办法》，在坚持依法登记原则的基础上，实行社会组织登记备案双轨制，由重入口登记向重日常监管转变。对急需登记的社会组织，采取边登记边完善手续的做法；对需备案的社会组织，采取降低和减少备案条件，简化备案程序等办法，准备备案的社会组织向所在社区居委会提出申请，经初审后，由街道办事处审核并备案，凡不违反国家法律法规的，均予以备案；备案社会组织达到登记条件后，不执行筹备期，可直接申请登记；将过去实际存在的既无登记又无备案的“草根”社会组织，通过规范使其有序发展；实行行政机关与行业协会脱钩，改革清理机关的“附属”组织，注销一些能力弱和建非所用的组织，淡化“官办”色彩。二是完善社会组织管理体系。区民政局负责全区社会组织的统筹规划、协调指导、监督管理工作，在全市率先成立区社会组织管理局，区民政局民间组织管理科更名社会组织服务科，充实人员配备，强化工作职能；街道办事处负责备案社会组织的监管和指导；社区居委会负责备案社会组织的日常管理和服务工作。三是建立沟通机制，促进合作互动。区级部门和街道办事处在出台涉及行业发展和社会建设的重大政策前，主动听取和征求有关社会组织的意见和建议；部门举办的各类听证会、恳谈会，凡涉及社会组织利益的，吸收社会组织代表参加；社区居委会组织听证会、恳谈会等邀请社会组织代表参加；社会组织参与行业调查，及时报告相关信息和对策建议，主动参与决策。同时，锦江区正在筹备成立“区社会组织管理局”，承担全区社会组织的统筹规划、登记备案、监督管理、协调指导等职能；筹备成立“区社会组织联合会”，主要承担社会组织的综合协调、行业指导、行业管理等综合服务工作；筹备成立“区社会组织服务指导中心”，该中心作为民办非企业单位，主要承接社会组织的初审、年检、评估等政府购买服务项目，包括组织专家团队、社会贤达、知名人士、社区群众参与项目运行监督及运行结果第三方评估等工作。

(2) 鼓励扶持社会组织发展。制定培育发展社会组织的扶持政策，激发和调动社会组织的积极性和创造性。一是设立政府扶持专项资金。每年安排专项经费，对五大类符合条件的社会组织进行资金扶持。给予新成立社会组织一次性开办扶持资金，登记注册的最高不超过 2 万元给予扶持，备案的按照最高 5000 元/个的标准给予扶持；对在参与社会管理和提供公共服务方面成效显著、群众满意度较高的社会组织，以“以奖代补”

的方式给予扶持；对暂未纳入政府购买服务范围，但有利于促进公共服务的项目给予专项扶持；对启动资金不足的可给予一次性补助，对新建社会组织前3年运行确有困难，经审核确认给予适当补助；建立税收优惠配套措施，最大限度地给予税收优惠。二是建立完善激励机制。制定社会组织激励制度，表彰先进社会组织，宣传先进典型；积极鼓励企业、个人和社会力量支持社会组织建设，促进社会组织健康快速发展。三是加强社工人才建设。抓好社会组织人才队伍的储备，建立社会组织社会工作人才库和社会工作人员培训制度。四是探索孵化培育社会组织模式。在街道层面搭建平台，组织扶持登记至少一家可管可控的民办非类社会组织，赋予培育孵化功能，按照“孵化申请—初期评估—实施孵化—中期评估—完成孵化”五个步骤，对具有发展潜力的备案社会组织提供场地、资金、能力建设等支持，进行专业化、全方位培育，促进其转化为专业性强、运作规范的登记社会组织。

(3) 政府购买社会组织服务。政府从相关社会领域中脱离出来，适当放权授权，建立明确的政策和措施，规范社会组织的职能，把不再由政府部门直接承担的社会服务性工作、把不便于管或政府直接实施成本过高的社会事务性工作，通过购买服务形式委托给社会组织。一是健全项目民主管理机制。逐步扩大购买社会组织公共服务的覆盖面，使社会组织成为社会公共服务事业的重要载体，初步建立社区多元化服务机制。二是明确政府购买服务项目。定期发布政府购买服务的需求信息，引导动员符合条件的社会组织承接服务项目。目前，已确定社会管理、社会事务、卫生教育等七类25项政府购买服务项目。三是细化购买服务流程。社会组织购买公共服务实行项目民主征询、方案民主决策、过程民主监督、效果民主评议，建立体现群众意愿的立项制度、符合社区实际的评审制度和群众积极参与的管控制度，充分发挥居民群众的主体作用和保障群众的监督权，建立社会化的评价制度，采取单项评议和年终评议相结合的方式，组织辖区内居民代表和项目受益群体开展满意度测评并公示结果。

(4) 加强对社会组织监督管理。坚持培育发展和监督管理并重，促进社会组织健康发展。一是发挥社区党组织监督作用。坚持社会组织业务建设与党的建设同步，明确社区党组织负有督促和指导社会组织党建工作的责任，确保社会组织的发展方向。二是健全监管机制。构建区、街道、社区三级的社会组织监管体系；建立完善部门和街道办事处之间的协同监管机制和执法联动机制，提高监管合力和应急反应能力；建立健全社会组织预警体系和突发事件应急处理机制，着力提高危机处理能力；加强对社会组织接受社会捐赠的监督，按照登记、备案权限对捐赠资金来源进行监管，对捐赠资金使用情况须提供审计报告，确保社会组织健康发展。三是加强监督管理。强化“双重管理”制度，着力构建上级主管部门、区民政局（区社工委)、业务主管单位、社区居民参与的四条监管防线。四是引导社会组织自我管理。帮助辖区社会组织成立“锦江区社会组织联合会”，引导全区社会组织自我发展、自我管理、自我约束；以章程为核心，健全社会组织各项内部制度，加强管理制度规范化和体系化建设，完善社会组织决策与内部调控体系，健全会员大会或会员代表大会、理事会或董事会、监事会等；建立资格管理和行规行约，对会员、会员单位实行资质认定和资格审查，按其服务能力和现实表现实行准入和退出制度。

(5) 健全监管评估机制。建立由区级职能部门、街道办事处、专家和社区群众四方参与的社会组织评估机构，每年对社会组织实施一次评估，将评估结果档案向社会公开，广泛宣传和充分利用评估结果，接受社会监督，充分发挥评估的导向、激励和约束作用；建立社会组织等级评定制度和社会组织诚信制度，组织和督促各类社会组织开展诚实守信活动，树立诚信、守法、自律的理念，对诚信守法、严格自律、作用突出的给予晋级表彰、政策优惠；建立健全社会组织基础信息数据库，全面评价社会组织在经济社会发展中的作用；建立健全社会组织问责机制，对不参加年检、有名无实、管理混乱的进行问责警示，对违法活动的依法予以注销。

三、取得的成效

1. 锦江区调整街道职能后，推动了街道办事处从管理经济向服务社会转变，改变了街道办事处“重经济、轻管理、弱服务”的现象；经济职能部门工作更加专业高效，初步形成了全区经济、社会协调发展的局面。一是政府公共服务和社会管理水平明显提升。街道治理体制改革后，各街道办事处的工作重心转移到城市治理和社区建设上，实现了由全能型向服务型转变，推动了民生工程、城市管理、综合维稳、社会建设等重点工作的有效落实。社区公共服务站成为街道办事处专门负责政府公共服务和社会管理的窗口，提升了服务效能。二是基层民主政治建设得到有力加强。街道治理体制改革促进了街道工作向社区下沉，使街道有精力指导社区自治，创新社区治理结构。三是建立了与街道办事处事权相适应的财力保障机制。街道职能转变后，通过把社会管理和公共服务经费纳入专项资金，确保了公共服务落实到位；通过规范预算管理，整合财力资源，提高了资金使用效益，增强了街道财政、财务管理和理财水平。

2. 锦江区完善社区治理机制的改革，进一步明确了社区基层组织间的关系，强化了基层党组织的领导核心作用，扩大了基层民主，促进了居民自治组织和社会组织健康发展，全面提升了社区社会管理和公共服务水平，促进了城乡统筹综合配套改革向纵深发展，得到了居民群众的普遍赞同和社会各界的高度评价。

一是明晰了基层治理的组织架构，填补了基层治理的真空。通过完善基层组织治理结构，形成了社区党组织、社区居民代表会议及其工作委员会和社区居委会、社区公共服务站、社会组织四种社区基层组织共同治理社区的格局。社区党组织是社区各类组织的领导核心，在街道党工委的直接领导下开展工作，负有统揽协调社区建设全局的责任。社区居民代表会议是社区民主决策的基本组织形式和最高决策机构，实行社区居民代表常任制，推行社区重大事项提案制；社区居民代表会议工作委员会是社区居民代表会议常设的监督和执行机构，对社区居民代表会议负责并报告工作；社区居委会是居民在社区党组织领导下，在法律规定范围内自我管理、自我教育、自我服务的基层群众性自治组织。社区公共服务站，与社区居委会是伙伴合作关系，负责承担政府延伸到社区的行政管理和公共服务事务，在行政管理上接受街道办事处的领导，在业务上接受各相关职能部门的指导、监督。社会组织，包括社会团体、基金会、民办非企业单位、慈善公益组织以及社区活动团队。

二是自治和公共服务功能同时得到了加强。社区居委会不再无偿承担职责范围以外的其他行政事务，使社区居委会有时间和精力按照自治组织的要求履行职责，强化了社区自治功能。新的社区居民自治体系，由社区居民代表会议及其工作委员会和社区居委会“三驾马车”组成，分别负责对社区事务的决策、监督和执行，形成了新的社区工作运行机制。工作运行准则遵循“一个章程、两项程序”（社区居民自治章程，社区居民代表会议、社区协商议事会议程序）；工作运行方式遵循“三会一走访”（社区事务听证会、民情恳谈会、工作评议会，居委会成员定期走访联系群众）制度。新建的规范、高效的社区公共服务站，居民在社区即可办理绝大部分行政事务，极大地提高了政府公共服务和社会管理的办事效率。

三是党的执政基础得到进一步巩固。在完善社区治理机制过程中，通过以社区党组织书记担任社区居民代表会议工作委员会主任、社区党组织成员兼任工作委员会委员等方式，有力提升了社区党组织的工作效能，确保党的方针、政策及时贯彻落实到社区，巩固了党的执政基础。

四是实现了城乡一体。村改居后，建立和完善了以政府财政投入为主的公共服务体系及社会化保障体系，实现了城乡居民的社会保险、失业保险、医疗、低保救助以及就业的同质化。

五是基层其他工作得到了全面推进。职能归位后，社会发展方方面面的工作都得以加快推进。由于理顺了集体经济组织的关系，土地整理、流转、产业培育等工作得到快速推进；农用地从农户到新型集体经济组织的流转，新型集体经济组织利用土地资源参与项目建设和经营等先后得以实施，增强了集体经济组织的实力。

3. 锦江区在培育和发展社会组织的过程中，把社会组织作为继政府部门与企业之后的第三种力量和加强社会建设的重要内容，摆上重要位置，在发展规划上，把社会组织建设纳入全区经济社会发展的总体规划，充分发挥社会组织在社会管理和公共服务中的重要作用，承接政府职能转变过程中一些职能，增加了公共服务能力，建立起了连接政府与社会、化解社会矛盾的平台，各种社会资源在社会治理中的作用被吸引和整合，增强了社会的凝聚力、向心力、吸引力，培育了公民精神和自治能力。同时，通过把政府部门可以不直接承担的社会服务性、事务性工作，以及企事业单位剥离的社会职能和服务职能，通过委托、购买、授权等形式交给社会组织承担，既改变了过去那种政府独自负责制定公共政策，同时又独自负责提供公共产品，掌舵与划桨不分的做法；又拓展了“社会协同”空间，推进了社区服务社会化、市场化、产业化，构建起了覆盖全域的服务网络，使社区满足居民需求的服务项目大幅度增加。

案例点评

根据国际国内形势的新变化，社会管理是我们当前一项重要的战略任务。加强和创新社会管理，首先要转变观念，由原来比较单一的发展观向科学发展观转变，由经济主导型政府向服务型政府转变，由以GDP衡量政府政绩向把公共服务和社会管理置于更加重要的位置观点转变。其次，要加大对社会管理的人力、财力、物力的投入，使社会管理工作不仅思想到位，而且要管理到位和投入到位。

成都锦江区高度重视社会管理，他们首先统一了全区干部的思想认识，把社会管理放在突出位置。2007 年，区委将建设“社会协调发展创新区”作为重要目标之一；2009 年，提出建设“国内一流的现代化生态型精品城区”新目标，明确将“社会和谐”作为新目标的主要内容之一；2010 年，在成都市率先出台《关于建立共创共享机制，全面提升公共服务水平，加强社会建设的意见》。其次，他们加强领导，从组织结构上把社会管理落到实处。在全省率先成立社会组织管理局，调整充实涉及政法维稳、保障改善民生等部门的领导班子力量；完善街道办事处组织架构，强化街道社会管理和公共服务职能；剥离社区原有行政职能，回归社区“两委”自治功能。第三，加大投入，夯实社会管理的经济基础。把社会管理工作做到实处，需要各级政府建立公共财政体系，调整财政支出结构，将新增财政收入的主要部分投入公共服务，加大对社会管理和公共服务的投入。2007—2010 年，锦江区社会建设和管理累计投入 60 多亿元，占地方财政支出 70%以上。同时，构建了一套社会管理和公共服务投入长效机制，通过加大投入，解决了过去社会管理经费不足的问题。锦江区把社会管理当做一个系统工程来做，在思想认识、组织机构建设和财力物力投入基础上，顺利地进行了街道管理体制、改革社区治理机制、改革社会组织管理体制的三项改革，按照中央的“党委领导、政府主导、社会协同、公众参与”的要求，开创了社会管理的新局面。

成都市锦江区水井坊街区和谐自主拆迁

案例提要： 随着我国城市化进程的加快，近些年，因为房屋拆迁引起的人民内部矛盾和群体性事件已经成为党和国家社会管理中的突出问题。如何顺利完成旧城改造任务，使城市居民在旧城改造过程中能够切实改善生活条件，享受到改革开放的成果，成都锦江区政府在水井坊旧城改造过程中通过政府推出利益博弈、尊重民意和市场机制做出了有益的探索。

案例介绍

一、问题的缘起

水井坊街区位于成都市区繁华地段，占地 53 亩，居民 636 户 2000 余人。街区所含 56 个院落（国家级文物保护单位“水井坊窖址”坐落其中），大多数是传统的川西民居，载有老成都“水、井、院、巷、酒”的历史文化要素，被市政府列为历史文化街区，提出了保护的要求。

水井坊街区多数建筑年久失修，老旧院落日渐损毁，市政配套设施严重缺失。区内人均住房面积不足 8 平方米，生活环境脏乱差，安全隐患十分突出。经四川省建科院鉴定，80%以上的房屋为 D 级危房。这个地区变成了成都城市中心区域内最大的低洼棚户区。居民通过联名上访、信件和网络留言等方式向政府表达了改善居住环境、提高生活质量的迫切愿望。

成都市锦江区政府在对水井坊历史文化街区进行保护和实施旧城改造的双重职责下，启动了招商引资工作。看着周边地区的建设一个一个完成，作为百年街坊的水井坊一次一次连续七次与拆迁改造“擦肩而过”。虽然不断加大招商引资的力度，但历经6年依然毫无进展。水井坊街区的改造变成了难以解决的城区“钉子”，锦江区政府处于“不改不行、改也难行”的窘迫境地。

形成这种局面有两方面的原因。一来自于被拆迁人街区居民，一来自于投资人开发商。

街区居民困难群体多，贫穷特征突出。据统计，居住者中有残疾人和低保户80余户，70岁以上老人127人，重大疾病患者24人。按通行补偿标准，这些人被拆迁后将无力买房，沦为无房可居者。

街区居民成分复杂、利益纠结、矛盾互相交织。其中长期承租者、产权模糊者、使用权与产权不一致者和共有产权者（30%以上的住户都有产权共有人，最多的一户达到18人）形成了不同的利益群体，产生多种利益诉求，造成通常的拆迁工作机制无法应付的无序状态。

街区居民面对本地段为“金口岸”的价值定位，产生了相当高的拆迁补偿预期，甚至提出了每平方4万元的“天价”补偿要求，将拆迁成本推高到了没有可行性的地步。

投资人房地产开发商面对保护历史文化街区的规划目标，受限于“保持古都风貌”的改造原则（对符合历史风貌的房屋只能进行修缮），需要巨大的资金投入，却不能实现房地产业正常的产出：无法形成足量的可销售的商品房；建成后的房产无法作为正常的商品房实施销售。两者都意味着，项目完成后无法即时收回投入。

投资人房地产开发商面对水井坊历史文化街区居民的特殊情况无法实现拆迁：拆迁成本太高难以承受和拆迁局面超出企业能力无法掌控。

锦江区政府通过市场机制对水井坊历史文化街区进行保护和改造的目标没有实现，市场机制这只“看不见的手”在这儿失灵了。

城市规划做出来了，历史文化街区急需保护，危房急需改造，居民住房条件急需改善，可是一方面从居民手中征收土地的难度太大，另一方面商家不来，拆迁令发不出去，“看不见的手”真的不见了。怎么办？锦江区政府决定创新自己的工作机制，解决市场机制无法解决的问题，把“看不见的手”找回来。

二、主要做法

政府从居民手中征收土地，向其支付拆迁补偿费用，然后再将征收来的土地交给投资商进行开发经营，政府向其收取土地出让金等相关税费。这种现行运作模式行不通了。面对困局，中共锦江区委做出了“千方百计保护历史街区，真心实意改善民生”选择，提出“让利于民、控制成本、专家满意、推陈出新、不留后患”的改造原则，寻求在现有制度安排和资源约束条件下，积极开拓街区改造的创新路径。根据这一思路，“阳光＋市场＋保障＋民主”四位一体的“自主搬迁、统规改造”模式诞生了。该模式的核心为，在政府的支持下，居民将自己的房产直接销售给开发商。具体内涵为：(1) 组建居民议事委员会作为决策主体，代表全体居民实施权力：制定房屋收购标准（改造方案）、确定招商引资方案，沟通政府相关部门。(2) 设立投资公司对居民议事委员会的决策进行商业运作，与市场机制接轨。(3) 设立公信评议小组对居民议事委员会及其投资公司的工作进行监督，保证其合理合法、公正透明。(4) 政府成立协调小组，调动相关部门工作人员、组合有关政策特别是惠民政策及时补位，帮助居民议事委员会开展工作，保证其目标的实现。

1. 组建“水井坊历史文化街区居民议事委员会”。

整个街区 2000 多居民采取投票选举的办法，产生 9 名代表组成水井坊历史文化街区居民议事委员会，同时制定《议事委员会议事规则》。议事委员会成立后，和街区居民广泛协商，召开多次会议，完成了如下工作：

(1) 决定实施搬迁改造，即居民出让自己的房产，进行异地搬迁。同时确立“自主搬迁、统规改造”的原则，即将居民手中的房产通过收购的方式集中起来，集体面对市场，在符合政府城市规划的条件下，出让给投资商进行开发经营。最后，在政府相关部门的指导下，在广泛征求街区居民和投资公司意见的基础上，制定出《水井坊历史文化街区整体改造方案》，向街区居民公告并启动改造工作。

(2) 创立法人主体，进行市场化运作。委托社区吸收居民出资共同成立投资公司，实施居民房屋收购、腾退和对外招商引资等具体工作。

(3) 决定参照城市房屋拆迁管理办法，按照等值等价的原则，确立房屋收购的价格。由于房屋的收购价格取决于房屋的市场评估价格和房屋的建筑面积，各方对此十分敏感，议事委员会对房屋评估和测绘机构的选择十分慎重，确定从市房管局的专业机构库中抽取5家评估机构和3家测绘机构，交由居民抽签选定。

2. 成立成都锦坊投资管理服务有限责任公司。

成都锦坊投资管理服务有限责任公司成立后，遵照议事委员会制定的《水井坊历史文化街区整体改造方案》，开展房屋收购、腾退工作，最终与居民签订住户房产收购补偿协议。锦坊公司收购了90%以上的居民产权后，交与投资商成都文锦建设项目投资有限责任公司，文锦公司按照历史文化街区要求对水井坊片区进行整体改造。

(1) 参照房屋拆迁管理办法实施收购。在征求居民意见，并与投资商达成一致的情况下，房屋的收购，参照成都市人民政府办公厅《关于进一步规范五城区城市房屋拆迁工作的意见》和《成都市城市房屋拆迁管理暂行办法》执行。即被收购（或称被腾退）房屋的总价格，由与拆迁方式一样的补偿、政策性补偿、政策性补助、政策性补贴和提前搬迁奖励等组合而成。

(2) 采取托底保障等措施，解决难题，力促腾退。按照上述拆迁政策，片区中约1/3即200多户居民获得的房屋收购款将不足20万元，这就意味着，在片区改造后将会出现新的住房困难户。针对这种情况，房屋收购采取托底保障的措施：对产权面积不足28平方米的住户给予26万元的托底基价，确保腾退后所有居民都能买到一套商品房，达到基本住房标准。设置整体签约奖金。按照科学管理的原则，为激发广大居民的参与热情，充分利用群众的力量，公司将片区房屋以街巷或院落走向为基础划分为56个改造单元，鼓励改造单元内所有住户整体签约，整体腾退。凡改造单元整体签约的，给予每户3万元奖励。这就形成了多数人带动少数人，少数人服从多数人的局面。实施异地购房重置补贴，进一步刺激居民腾退旧房，购买新居。在正常开发模式下应由投资商购置中产生的购房补贴、购房税费、维修基金、办理产权证费用等款项，组成重置补贴经费，按腾退居民原住房产权证载面积，在居民异地购房的情况下，补贴给居民。异地购房重置补贴措施在将居民的抉择引向预定方向的过程中，起到了实实在在的作用。

（3）采用尊重居民权利的工作姿态，以情感互动的方式完成商业利益的交流。公司印制了《水井坊历史文化街区整体改造宣传手册》1000余册，发放到每户居民家中。设置了街区公告栏，将拆迁政策和《水井坊历史文化街区整体改造方案》刊布其上。之后，利用公告栏发布居民签约动态，把已签约住户的姓名、面积、收购总金额等信息公之于众；同时，还把申请托底保障和爱心救助居民的申请书进行公示，接受居民的评议和监督。公司召开了7次新闻通气会，向广大居民通报自己的工作及其进程。不断通过标语、展板等方式开展宣传，营造轰轰烈烈的自主改造氛围。公司依照民风民俗，举办一系列告别旧家、喜迁新居的活动，如“百名儿童书画心中的水井坊”、“老屋前留影”、“百家宴”、“坝坝宴”等。这些活动，吸引数百人参加，老街坊们在活动中搁置利益，交流情感，出现了不少动人场面。

3. 设立水井坊历史文化街区改造项目公信评议小组。

由于议事委员会大多数委员是片区改造的受益主体，为了保证其公正公平，设立了由辖区人大代表、政协委员、社区党员、专业人员、法律工作者、历史文化保护专家、无直接利益的居民代表等 8 人组成的公信评议小组，对改造过程进行全程监督。作为核心监督主体，公信评议小组在自主改造中担当观察员、信访员和调解员的角色，负责收集民意、受理民访、反馈信息等项工作，时时、事事监督改造工作中程序的合法性、行为的规范性、操作的透明度、改造方案的合理性及惠民措施落实情况等问题。公信评议小组保持 24 小时通讯畅通，共接待居民信访 35 件/次，受理居民来访 8 件/次，化解了诸多矛盾，理顺了民心。

4. 政府成立协调小组。

为全面指导并大力支持片区改造工作，锦江区政府成立了由区委宣传部、区国土局、区建设局、区规划局、区房管局、区民宗局、区维稳办、区信访局、区教育局、区劳动保障局、区城管局、区公安分局、水井坊街道办事处等单位成员组成的水井坊历史文化街区保护改造协调小组。协调小组的职能是统筹兼顾各方利益，围绕控制成本、规范改造行为和保障居民权益三个重点开展工作，指导片区改造符合城市规划、符合产业发展政策，保证在安定和谐的局面下，实现投资者顺利开发项目完成旧城改造，居民愉快搬迁改善居住环境的工作目标。

(1) 组建工作人员队伍。

由于自主改造是以群众工作为主要内容的新尝试，需要大量人员入户工作，临时社会组织（水井坊历史文化街区居民议事委员会）和企业（成都锦坊投资管理服务有限责任公司及成都文锦建设项目投资有限责任公司）都没有这种能力，于是，锦江区政府抽调机关干部、社区干部和专业人士组成工作人员队伍，为议事委员会及其公司的工作提供强有力的保障。为了确保每位工作人员准确掌握自主改造政策，具有按照《水井坊历史文化街区整体改造方案》为居民理财算账的能力，协调小组对工作人员进行了系统培训。通过 6 次 450 余人次的业务培训，工作人员掌握了片区基本情况、自主改造政策、入户技巧等方面的知识，为片区改造奠定了坚实的基础。

(2) 构建全方位的服务平台。

设置5个现场办公点，经过培训的工作人员随时接受居民的访问和咨询。

设立现场公证专点，引进公证处为居民解疑答惑，现场公证。

设立廉租房、经济适用房咨询专点，为居民解释相关政策和办事流程。

设立社保咨询专点，方便居民咨询办理社会保险事宜。

设立教育咨询专点，方便居民咨询学龄儿童就学事宜。

举办小型房产推介会并开通看房直通车，为居民选购新房提供服务。

组织现场招聘会，提供15家企业、43个工种、1037个劳动岗位供居民选择，解决街区商铺停业后居民的就业问题。

区房管局、民政局、办事处和社区还落实专人帮助片区居民办理低保、廉租住房租金补贴等手续，实行上门服务。对纳入城镇基本医疗保险特殊疾病门诊，患有规定的重大疾病或残疾的居民，给予每户3万元爱心救助。

区法院和司法所工作人员也主动上门，收集民意、倾听民声、受理民访、消除民惑。政府的协调服务也将投资商涵盖其内。由于该项目风险较大，区政府给予投资商文锦公司多方面的政策支持，及时解决他们的后顾之忧，确保其投资利益。

三、取得的成效

协同运作的结果，确立了符合《成都市城市总体规划(2002—2020)》的《水井坊历史文化街区整体改造方案》，从而实现了历史文化街区保护和旧城改造的双重目标。

1. 居民出让房产，喜迁新居。

通过5个月的集中工作，至2009年9月，共有576户居民实现自主搬迁，占片区总户数的90.6%，搬迁腾退面积47.63

亩，占总面积的88.98%。按照《水井坊历史文化街区整体改造方案》，在改造后的水井坊历史文化街区内保留部分老旧建筑和原住民，因此，该项目房屋腾退工作完成，具备了整体改造的条件。

居民获得了最低37万元/户的满意补偿，通过在市内另购商品房的方式实现了改善居住条件的愿望。街区中出现了居民腾退旧房喜迁新居的和谐局面，干群关系得到了改善并实现了升华。老街坊们依依不舍，纷纷邀请原社区干部到新家做客，并送来了18面锦旗表达心意：感谢政府大力支持自主改造；感谢社区心系百姓、为民办事；感谢工作人员态度文明和谐；赞颂改造过程公正阳光。

2. 投资商获得支持，轻松进场。

投资商成都文锦建设项目投资有限责任公司是成都文化旅游发展集团下属的控股公司，其开发的目的是将水井坊历史文化街区作为旅游景区进行长线投资，因此，与市场接轨的可能出现了，文锦公司投资该项目具有天然的合理性。

锦江区政府放弃了土地出让收入，支持投资商文锦公司直接从居民手中整体收购房产，获得土地，致使土地使用成本控制在企业的预算之内：共使用资金4.28亿元，每亩合900万元。这个措施从市场的角度保证了项目的充分可行性。

案例点评

锦江区委区政府在水井坊历史文化街区整体改造过程中的机制创新取得了很好的效果，是一个成功的经验，从普遍的意义上，我们可以得到如下启示。

1. 政府以社会管理制度创新破解困局。

一个政府面对工作中的问题，出现困局的时候，首先省视自身，通过自我的变革来解决问题，是很难做到的。通常的做法是，政府行使权力，利用法律法规和行政规章来解决问题。如果因此产生并积累了矛盾，再把它当成另外的问题，纳入另外一个体系进行处理。也就是说，依照现行工作机制破解困局的时候，必然产生社会矛盾，形成新的不稳定因素。既要解决问题，又要不遗留矛盾，保证社会健康和谐地发展，对一个有作为的政府来说，进行制度创新就是必然的选择。

水井坊街区自主改造的实践，实现了预期目标，获得了很好的效果，所有原应存在的矛盾冲突都没有发生，原来推展不开的工作都顺利完成，区政府获得了民众的拥戴和感谢。我们看到，社会管理制度创新就是使政府从拆迁的利益主体中退出来，从而从矛盾的陷阱中解脱出来，变成了各方利益的维护者和各种矛盾冲突的调解者、仲裁者，政府维护了社会公正、树立了政府的威信。

2. 政府尊重民意自主拆迁。

土地是国有的，地方政府是土地所有权的代表。在拆迁过程中，政府既是行政权力的行使方，又是土地出让的受益方。投资商通过向政府缴纳土地出让的相关费用后获得土地使用权，然后向政府呈批拆迁计划和拆迁补偿安置方案，获得许可后，开始拆迁行动。在这个过程中，在这片土地上原有居民的房产所有权被忽视了。居民拥有房屋产权，因此具有相应的权利，如果这个权利不被尊重，就必然产生矛盾。首先，居民和开发商产生矛盾，因为开发商有强买民居的嫌疑；居民继而和政府产生矛盾，因为政府已经向开发商颁发了拆迁令，必须保证命令能够执行下去，居民如果强力阻碍，政府动用行政权力乃至国家机器的情况就不可避免。

水井坊历史文化街区自主改造模式以尊重房产所有者的权利为前提，由居民自己做主，将房产推向市场，通过协商谈判的方式，与开发商达成房屋收购协议。从民众的角度来说，这是一种平等的资产收购和补偿，是市场经济下自愿的利益交换。居民的房产权利得到了尊重，矛盾的本源就这样消失于无形。

3. 形成科学的价格机制，政府做好公共服务。

不管是旧城改造还是新区开发，投资商所从事的房地产开发业务是一种商业行为。既然如此，居民（被拆迁人）从商业的角度争取高价出让自己的房产就是合理的。市场法则是，你非买不可，我抬高价格。于是矛盾出现了：卖者要高价，买者出低价，而政府所代表的公共利益要求两者非成交不可。怎么办？必须寻找一种新的价格机制，既要尊重市场又要有别于市场，既要由买卖双方协商又要有人居中调节。政府工作无可避免的面对这项挑战，即如何调节居民和居民之间、居民和开发商之间的利益关系。这正是政府的职能所在。原则是一定的，就是让各方、让每个人都能享受社会经济发展的成果。

水井坊历史文化街区居民房产的出让价格，由一系列因素构成。最基础的因素，是由市场原则确定的房产的评估价值，但如果市值过低，不能实现异地购房，政府则辅之以托底保障、异地购房重置补贴等非市场价格因素，再加上爱心救助、就业就学帮扶、提供廉租房经济适用房等政策因素，确保每户居民都得到较为满意的价格，在保证居者有其房的前提下，实现改善生活条件的目标。

4. 按市场经济原则办事。

一个拆迁区域内的居民人数众多，情况千差万别，诉求各不相同，怎样才能实现其房产权利、获得满意的出让价格呢？也就是说，寻找一种千家万户与市场接轨的方式，有序地完成其出让行为，是政府制度创新的关键。首先，允许拆迁期间的居民组织起来，成立一个临时性的非政府组织，使之成为统一全体居民意志，协调各自行动，实现相互约束的机构。然后，创立的这个机构按照市场要求，设立下属公司成为企业法人，取得市场主体资格。最终，这个公司将居民的房产整合起来，展开市场销售行为。

水井坊片区改造过程中，居民的临时自治组织是水井坊历史文化街区居民议事委员会，该委员会委员由居民选举产生，代表居民行使房产权力，决定改造方案。议事委员会下成立成都锦坊投资管理服务有限责任公司。公司通过合约将居民的房产收购集中起来，然后以整体出让的方式交给投资商进行开发经营，从而完成市场行为。

从理论到实践上，我们看到，由政府主动进行制度创新开始的水井坊片区改造工作，经历了一个圆满的过程，取得了皆大欢喜的结局。

做好群众工作的枫桥经验

案例提要：2004 年，时任浙江省委书记习近平同志强调："把创新发展'枫桥经验'作为总抓手，贯穿于建设'平安浙江'的始终"。2008 年，周永康同志在纪念"枫桥经验"40 周年大会上强调："要认真学习运用'枫桥经验'，使'枫桥经验'成为经济社会又好又快和谐发展的助推器。"为什么在改革开放日新月异的今天，党中央还要反复强调推广、学习和创新产生于上世纪 60 年代的"枫桥经验"？随着改革的深入，各方面的矛盾和问题开始凸现，个别地区和政府相关部门在处理人民内部矛盾时采取了错误的方法，没有贯彻好党的群众路线，导致矛盾激化，干群关系失调，甚至引发群体性突发事件。这些事件给我们敲响了警钟。对于如何做群众工作，如何正确处理人民内部矛盾的问题，"枫桥经验"无疑是一剂良方。

案例介绍

一、问题的缘起

上世纪 60 年代初，浙江省诸暨市枫桥镇干部与人民群众一同创造了"发动和依靠群众，坚持矛盾不上交，就地解决。实现捕人少，治安好"的"枫桥经验"，这一经验由毛泽东同志亲自批示"要各地仿效，经过试点，推广去做"。

枫桥区是革命老区，早在 1927 年 2 月，中国共产党就在枫桥镇建立了党支部。1949 年 5 月诸暨县解放后，枫桥区根据党中央和毛泽东同志提出的改造反动阶级分子的政策，对地、富、反、坏分子（当时统称四类分子）进行监督改造，并在农业合作化后建立了“集体承包、专人负责、大家监督”和治保会建立四类分子档案等监督改造制度，打下了依靠群众监督改造四类分子的良好工作基础。①

1963年5月，毛泽东同志在浙江省杭州市主持召开中央政治局会议，会议经研究制订《关于目前农村工作中若干问题的决定（草案）》（简称《前十条》）。《决定（草案）》认为当时国内敌情严重，必须充分发动群众以击退资本主义和封建主义两股势力的猖狂进攻，同时也强调要坚持教育人和改造人的方针，即毛泽东主席在1962年1月扩大的中央工作会议上指出的：“对于整个反动阶级专政，必须依靠群众依靠党。对于反动阶级实行专政，这并不是说把一切反动阶级的分子统统消灭掉，而是要改造他们，用适当的方法改造他们，使他们成为新人”。②

同年6月19日，中共浙江省委为了贯彻中共中央《前十条》的精神，重新部署农村社会主义教育运动，由省委书记处书记兼宣传部长林乎加带领工作队到诸暨县枫桥区，会同宁波地委、诸暨县委在枫桥区的枫桥、新枫、视北、视南、檀溪、栎江和东溪等7个公社开展社会主义教育运动的试点工作。浙江省公安厅党组副书记、副厅长吕剑光带领从省公安厅、宁波地区公安处抽调的30多名公安干警参加了这次试点工作。③

1963年7月到9月，7个“社教”试点公社先后进入对敌斗争阶段。7个公社6.5万人口中有四类分子911名。经过一段时间的调查，发现有163名未改造好的四类分子有比较严重违法行为，占总数的17.9%。④ 部分基层干部和工作队成员主张对四类分子“武斗一遍、逮捕一批、矛盾上交”，并借此打开社教运动的局面。针对这一情况，省委工作队带领群众总结土地改革以来对敌斗争的经验，并对“文斗”还是“武斗”，“多捕”还是

① 吕剑光：《“枫桥经验”的前前后后》，《人民公安》1997年第19期。
② 吕剑光：《“枫桥经验”的前前后后》，《人民公安》1997年第19期。
③ 吕剑光：《“枫桥经验”的前前后后》，《人民公安》1997年第19期。
④ 吕剑光：《“枫桥经验”的前前后后》，《人民公安》1997年第19期。

“少捕”等问题进行辩论、剖析，使基层干部和广大群众认识到“武斗一遍，逮捕一批”赏罚不明，对改造不利。在形成共识的基础上，对四类分子进行区别对待，对于守法的给予适当的鼓励；对于基本守法的，指出好的地方，批判不好的地方；对于有一般违法行为的，给予严肃批评；只对个别有严重违法行为、在评审中又不低头服法的，才列为重点对象，依靠群众进行说理斗争。但是在斗争中坚持文斗，讲事实，摆道理，不打不骂，允许斗争对象申辩。在“社教”运动中，枫桥区没有捕一人，就把有违法行为的四类分子都制服了。从而创造了“依靠和发动群众，坚持矛盾不上交，就地解决，把绝大多数四类分子改造成新人，实现捕人少，治安好”的经验。①

1963年10月，当时的公安部部长谢富治在杭州向毛泽东同志汇报枫桥区在社教运动中，通过依靠群众说理斗争的形式，在没有捕人的情况下制服了四类分子。毛泽东同志说：这叫作矛盾不上交，就地解决。并且指示要好好总结枫桥的经验。11月上旬，经过公安部和浙江省委领导的讨论，形成了《诸暨县枫桥区社会主义教育运动中开展对敌斗争的经验》一文，即著名的“枫桥经验”。

同年11月20日，毛泽东同志在公安部向二届全国人大四次会议拟作的以“枫桥经验”为主要内容的发言稿上的批示中提到诸暨的例子，要各地仿效，经过试点，推广去做。22日，毛泽东同志同当时的公安部副部长汪东兴谈话时说：诸暨县有经验要好好总结一下，整理一个千把字的材料批发下去，回答两个问题：（1）群众是怎样懂得这样做的；（2）依靠群众办事是个好办法。

12月5日，中共浙江省委向全省各地（市）转发《诸暨县枫桥区社会主义教育运动中开展对敌斗争的经验》，并加了批语，要求各地仿照这种做法，不断总结自己的经验，教育干部，发动群众，正确地进行对敌斗争。

---

① 俞红霞：《枫桥经验的形成和发展过程》，《中共党史资料》2006年第2期。

1964年1月14日，中共中央向全党发出《关于依靠群众力量，加强人民民主专政，把绝大多数四类分子改造成为新人的指示》，同时转发了“枫桥经验”。2月，第十三次全国公安会议提出在全国推广“枫桥经验”。

自此，全国范围内掀起学习、推广枫桥经验的高潮。

“枫桥经验”作为上世纪60年代产生的依靠群众、发动群众办事的经验，为什么在近半个世纪后的今天，我们依然在提，依然在学习呢？当前，我们国家正处于社会转型的加速期，各种社会问题和社会矛盾涌现，如何做到预防和化解社会矛盾，维护社会稳定，建设和谐社会，归根到底是要依靠群众，做好群众工作。

2008年11月24日，周永康同志在“枫桥经验”45周年大会上高度评价“枫桥经验”，并反复强调要认真学习运用这一经验，使“枫桥经验”成为经济社会又好又快和谐发展的助推器。

二、主要做法

“文化大革命”之初，“枫桥经验”作为“和平改造”的典型被当做要砸烂的重点。少数人认为“少捕，矛盾不上交”是“放纵包庇敌人”，“改造四类分子”是“爱敌人，恨群众”。“枫桥经验”的推广工作一度被中断。[①]

1971年3月，第十五次全国公安会议在北京召开，毛泽东同志对会议作出重要指示，再次肯定“枫桥经验”。

1973年底，公安部派人到枫桥区恢复“枫桥经验”的推广工作，并组成公安部、省、市、县四级联合的调查组，经过调查总结，形成《“枫桥经验”在前进》的调查报告以及《对一般流窜犯就地改造比矛盾上交好》等8个典型材料。[②]

1975年11月，公安部再次派出工作队到枫桥区进行调查，并将“枫桥经验”总结为“依靠群众，对阶级敌人进行有效改

① 俞红霞：《枫桥经验的形成和发展过程》，《中共党史资料》2006年第2期。
② 俞红霞：《枫桥经验的形成和发展过程》，《中共党史资料》2006年第2期。

造；依靠群众，教育改造有犯罪行为的人；依靠群众，查破一般性案件；依靠群众，搞好防范，维护社会治安。”

“文革”结束后，公安部提出要恢复、巩固、提高、推广“枫桥经验”，并于1977年10月派人到枫桥再次组成四级联合调查队进行蹲点。通过调查总结，将枫桥区“依靠群众，实现治安好、捕人少、产量高”的新经验在全国进行推广。

1978年，枫桥区在全国率先给“四类分子”摘帽，为全国范围开展给“四类分子”摘帽的工作提供了成功经验。

改革开放以后，枫桥区积极探索社会治安综合治理的新办法，一是总结和运用枫桥公社钟璜、西畴等7个大队建立的“三清落实”的帮教新经验，维护社会秩序，预防和减少犯罪。二是总结檀溪公社泉四大队发动群众、制定治安公约的新经验，以村民自治的形式，制定村民自律性的公约，带领全区人人遵法守约，起到了一定的预防犯罪的作用。三是认真做好基层组织的安全防范工作，把预防社队企业被盗、被诈骗作为重点来抓。四是做好社会层面的控制，及时发现犯罪苗头，及时打击。① 这四条经验打防结合，维护了社会治安持续稳定，被中央社会治安综合治理委员会授予全国综合治理工作先进集体称号。

此外，枫桥区还不断创新和丰富“教育人、改造人”的内容和形式。首先，在帮助刑满释放人员时，强调教育的重要性，以“不推一把拉一把，帮一时更帮一世”的原则挽救帮教对象。以政治教育为主，辅以实际问题的解决，不但帮助他们改造思想，更帮助他们成家立业，自力更生。其次，对于外来务工人员，一方面进行严格管理，另一方面也切实保护他们的利益不受侵犯。采用情感式的管理方法，统一为外来务工人员解决住房和子女入学等问题，还每年评比“十佳外来优秀青年”，授予中高级人才“荣誉镇民”称号。

浙江省公安厅与绍兴市公安局对这些经验予以总结，形成了《依靠群众管治安是维护社会治安根本——枫桥区坚持和发

---

① 俞红霞：《枫桥经验的形成和发展过程》，《中共党史资料》2006年第2期。

展“枫桥经验”的做法》的调查报告和18个典型材料，提出“枫桥经验”是社会治安综合治理的典范，并在全省范围内推广。1990年9月，中央政法委转发这一调查报告，全国再次掀起学习、推广“枫桥经验”的热潮。①

进入新时期以来，枫桥区派出所深化改革，积极创新符合农村治安新特点的工作方式，调整重心，改革警务机制，在警务区的基础上再在警务区内划分责任区。警务区由派出所领导或骨干民警任警长，同民警密切协作，维护社会治安。责任区的分管民警工作主要是管理防范，每月至少15天在责任区内走访至少30户群众，并规定当年群众熟悉率必须达到30%，三年达到80%。设立警务点，每周定时办公，工作范围是接受群众报警，代办各类证件，提供法律咨询等服务。警务点的设立不但方便了群众，而且缩短了派出所与群众的心理距离和实际距离。为保证工作责任制的落实，派出所建立了日查、月考、季评、年总结考核奖罚制度，量化、细化工作目标，考核结果与奖罚挂钩记入民警个人工作档案，作为年终评优的重要依据。枫桥区警务方式的改革，增强了民警的责任心和深入群众、做群众工作的积极性，全所上下出现了“老同志不甘落后，新同志争先恐后”的良好局面。②

派出所将“以群众满意为目标，把服务群众融入各项警务活动中”作为工作的最高标准。把依靠群众抓治安视为社会治理传家宝，是胜利之本。坚持为人民服务的宗旨不动摇，坚持爱民、利民的好传统不动摇，开展爱民、便民、利民，服务群众活动。为了方便群众生活，派出所在辖区放置了12个警民联系箱和三处报警点，向群众发放4000份联系卡搭建警民沟通桥梁。在派出所成立办证室，在取消了双休日的基础上将办公时间延长到晚上9点。将派出所办事制度、程序以及结果在警务公开栏公示，主动接受群众的监督。派出所根据群众需要和群众求助来不断拓宽工作范围，不论事情大小或者白天黑夜，以为

① 俞红霞：《枫桥经验的形成和发展过程》，《中共党史资料》2006年第2期。

② 吕剑光：《“枫桥经验”的前前后后》，《人民公安》1997年第19期。

群众排忧解难为己任。派出所民警形成了“分内的事情全力做，分外的事情帮助干”的良好风气。派出所把树正气、严管理、强素质作为民警队伍建设的关键环节常年紧抓不懈，树立了警容严整、纪律严明、秉公执法、文明服务的警员形象。自“枫桥经验”产生以来，枫桥镇派出所没有发生过民警违法违纪现象，警民关系长期融洽。据抽样调查，派出所工作群众满意率高达 99.5%。[①]

多年来，枫桥区始终坚持“以稳定促发展，以发展维护稳定”的原则，未发生过重大群体性突发事件和“民转刑”案件，各种纠纷与矛盾的调解成功率在 97%以上。[②] 形成了“小事不出村，大事不出镇，矛盾不上交，就地化解”这一新时期的新“枫桥经验”。

1998 年 9—10 月，浙江省公安厅会同绍兴市委、诸暨县委组成工作组到枫桥区蹲点调查，经调查总结，形成了《预防化解矛盾，维护农村稳定——“枫桥经验”新发展》的报告，并总结出了“党政一起动手，依靠群众，立足预防，化解矛盾，维护稳定，促进发展”的具有时代特色的新“枫桥经验”。为农村的稳定和发展创造了新的路子。

同年 12 月 1 日，《人民日报》在头版头条发表《立足稳定和发展——浙江诸暨“枫桥经验”纪实》一文，并配发《“枫桥经验”值得总结和推广》的评论员文章，再次向全国推广“枫桥经验”。

2003 年 11 月 20 日，罗干同志在“枫桥经验”40 周年暨创新“枫桥经验”大会上对新时期“枫桥经验”予以肯定，认为“枫桥经验”为新形势下深化社会治安综合治理提供了新的思路。时任浙江省委书记习近平同志在大会上明确提出，要牢固树立“发展是硬道理、稳定是硬任务”的政治意识，充分珍惜“枫桥经验”，大力推广“枫桥经验”，不断创新“枫桥经验”，切实维护社会稳定。

---

① 吕剑光：《“枫桥经验”的前前后后》，《人民公安》1997 年第 19 期。

② 俞红霞：《枫桥经验的形成和发展过程》，《中共党史资料》2006 年第 2 期。

三、取得的成效

“枫桥经验”从产生、推广到发展、创新，已经走过了接近半个世纪，在这近半个世纪的时间里，“枫桥经验”不止在枫桥区，更在浙江，在全国取得了显著的成效。

第一，“枫桥经验”维护了农村社会和基层政治的稳定，维护了社会治安秩序的良好运行。“枫桥经验”从其诞生时起，就始终强调干部与人民群众的紧密联系，强调依靠群众、发动群众做工作，努力实现从“为民做主”到“让民做主”，从“消极设防”到“主动导访”，从“专职维稳”到“全员维稳”的转变。始终做到“小事不出村，大事不出镇，矛盾不上交，就地化解”。近年，枫桥镇共成功调处民间纠纷 1000 多起，调处成功率达 97.2%，人民群众安全感测评满意率均在 95%以上，其中 80%的纠纷在村一级就得到了解决。从 2003 年起，枫桥区在社会经济始终保持又快又好发展的同时，各类社会问题和社会矛盾不但没有增加，反而呈现逐年下降的趋势。从 2003 年到 2005 年分别下降 20.3%、18.3%、6.5%。①

此外，枫桥镇对刑满释放人员采取政治教育为主，解决实际问题为辅，按照“帮一时更帮一世”的原则，改造、教育帮教对象，将他们改造成了自食其力的劳动者，其中有的人当了致富能手，还有的人入了党，当了村干部。这种帮教形式对于农村社会的稳定以及社会治安秩序的良好运行起到了积极的推进作用。

第二，“枫桥经验”带动了社会经济的持续稳定发展。邓小平同志南巡谈话后，枫桥区的干部群众解放思想，创新经验，以市场为导向，积极发展个体经济。枫桥镇政府在改善投资环境的同时，引导民间资本进入衬衫、轻纺业，使这两个产业发展成为了枫桥的支柱性产业，加快了枫桥的发展，提高了农民

① 赵明达：《从“枫桥经验”走向“枫桥理论”》，《浙江青年专修学院学报》2006 年第 4 期。

收入。1997年枫桥人均收入达到5120元，比5年前增长了2.19倍。枫桥经济的发展解决了当地4.5万名左右的农村剩余劳动力的就业问题，彻底改变了“男人呆大路、女人咬耳朵、有人无事干”的现象。[①]

截止到2006年，枫桥有2万名左右的外来流动人员。[②] 枫桥镇创新发展对外来人员的管理模式，形成了情感式的管理模式和管理经验，在严格管理的基础上千方百计为外来人员解决实际问题，解决生活困难，解决外来务工人员的后顾之忧，从而使外来人员人心思定，努力工作求发展，为当地经济的较快平稳发展做出了不可磨灭的贡献。

第三，“枫桥经验”的核心理念在各地的创新，都在各地的实践中取得了不菲的成效。浙江省苍南县本着构建和谐社会的理念，运用和创新“枫桥经验”的核心精神，在实践中积极推行“五站式”民情服务和化解矛盾工作法，有效地预防和解决了一大批社会矛盾、社会问题和不稳定因素。[③] 建德市、龙游县针对基层矛盾频发的实际情况，创新“枫桥经验”，探索实施人民调解“以奖代补”的激励机制，有效推进了人民调解工作的发展。实行“以奖代补”之后，龙游县各级人民调解组织调处各类矛盾纠纷成功率达98.6%，调处成功数量同比翻了一番。建德市2007年各类信访总量同比减少1000余件。[④] 温岭市学习和创新“枫桥经验”，在全市各地推广“民主恳谈”作为民主政治建设的新载体，目前这一形式已经成为全市各界群众参与基层社会民主生活的最重要的形式，不但提高了政府的公信力，而且拉近了干群关系。

“枫桥经验”在全国范围内推广、学习和创新所取得的成效

---

① 吕剑光：《“枫桥经验”的前前后后》，《人民公安》1997年第19期。

② 赵明达：《从“枫桥经验”走向“枫桥理论”》，《浙江青年专修学院学报》2006年第4期。

③ 浙江省委政法委：《浙江创新“枫桥经验”的典型简介》，《今日浙江》2008年第22期。

④ 浙江省委政法委：《浙江创新“枫桥经验”的典型简介》，《今日浙江》2008年第22期。

是巨大的，个案典型不胜枚举。这也是当前我们要继续坚持和创新“枫桥经验”的重要原因。

案例点评

2000年以来，随着我国现代化建设的深入，经济体制和社会结构转型，社会利益格局的调整，社会问题、社会矛盾日益增多，干群关系失调、群体性事件频发、少数地区政府丧失公信力呈上升趋势，不但对社会治安、人民群众的人身和财产安全造成了威胁，也对社会的稳定和和谐社会的构建有着负面的影响。

从当前我国发生的各种社会冲突来看，其引发原因是多样的、综合的，有经济方面的因素，也有社会方面的因素；有现实因素，也有历史因素，各种矛盾和纠纷相互交织，相互影响，对社会发展造成不利影响。但是从根本上看，是没有处理好与群众之间的关系，使群众丧失了对政府的信任，从而引发了各种冲突事件。因为这些冲突，绝大多数都是关于对权利和利益的诉求，都是属于人民内部矛盾，既不是阶级矛盾，更不是根本性矛盾。但是个别地区公安机关、城管部门等在处理此类社会纠纷时，对群众采取了不当的甚至是暴力的手段，引发了群众的严重不满，并最终引发了社会冲突。比如发生频次比较高的有关农地流转、强拆强迁、“城管事件”等的社会冲突中，都是因为个别部门处理失当造成的。有些领导干部不倾听群众的声音，不关心群众疾苦，最终使小矛盾发展为大矛盾。

“枫桥经验”从产生以来近半个世纪，枫桥区从未发生过严重的群体性社会冲突，也没有爆发过干群矛盾事件，也从未发生过警民冲突，原因何在？恰恰在于枫桥镇政府始终坚持依靠群众、发动群众做工作的作风，始终把预防和化解矛盾作为维护稳定的基础性工作和重要环节来抓。枫桥镇党委书记张晓东在总结“枫桥经验”时强调，“枫桥经验”主要包含三个核心内容。首先要注重以人为本、服务民生，源头预防矛盾。其次要注重强化基层、夯实基础，就地解决矛盾。最后还要注重创新机制、依靠群众，全员化解矛盾。其中以人为本、服务民生是“枫桥经验”的核心内容，是从源头上预防和化解社会矛盾和纠纷的根本途径。创新是“枫桥经验”的灵魂，依靠群众是“枫桥经验”的最大优势。[①] 这些经验是枫桥镇之所以干群关系和谐、警民关系融洽、社会治安良好的根本之所在。

“枫桥经验”是一个与时俱进的成功经验，它为解决新时期人民内部矛盾提供了科学理念。在当前这个社会矛盾多发期，继续在全国范围内学习、推广和创新“枫桥经验”对于我们正确处理人民内部矛盾和干群关系，真正做到让发展的成果全民共享，建设和谐社会有着十分重要的意义。

---

① 张晓东：《枫桥经验注重创新和源头预防》，《人民日报》，2011 年 4 月 23 日第 006 版。

江苏宿迁市治安志愿者积分管理机制

案例提要：为充分调动广大人民群众参与维护社会治安和社会管理的积极性和主动性，广泛发动人民群众收集、提供各类治安信息，推动信息主导警务战略的实施，宿迁市建立治安志愿者积分管理机制。其目的在于：一方面，把发展治安志愿者共同参与维护社会治安作为新时期公安机关群众工作的重要实践，积极探索社会治安管理的新形式。另一方面，鼓励人民群众参与社会治安管理，为维护社会治安做出自己的贡献，以形成人人关心社会治安，人人维护社会治安的氛围。

案例介绍

一、问题的缘起

治安志愿者是指志愿贡献个人的时间和精力，为维护社会治安而向公安机关和社会公众提供服务的公民，且这种服务具有志愿性和公益性，包括群防群治志愿者、小区（单位）保卫人员、出租车治安志愿者等为社会治安作出贡献的公民。[①] 宿迁市治安志愿者的工作包括治安巡逻、守望报警、调解纠纷、举报线索、抢险救灾和搜集情报等六大内容，覆盖民警日常工作的所有领域，主要由“四支力量”组成：社区、村庄义务巡逻力量，街头路面流动协防力量，场所部位治安守望力量，以及隐蔽力量。前三种力量，包括退休人员、城乡低保人员、出租

① 《宿迁市治安志愿者积分考核奖励管理办法》（试行）。

车司机、城管队员、环卫工人、送奶工、抄表员、物业保安和报刊亭业主等。第四种力量则有些神秘，官方文件的描述是“为我所用，能够爬高钻深、提供深层次、内幕性、前瞻性信息”的志愿者。[①] 宿迁市对治安志愿者进行积分考核，对达到一定积分的治安志愿者实行物质奖励和精神鼓励。

宿迁市建立治安志愿者积分管理机制是宿迁市促进社会发展和维护社会稳定的必然趋势。

第一，宿迁市地处苏鲁皖三省交界地带，治安形势非常复杂严峻。近年来，随着宿迁经济的发展，越来越多的外来人口来宿迁工作、学习，还包括一些少数民族。他们在宿迁从事餐饮、娱乐、商贸等行业，由于与当地居民的语言、文化习俗和生活习惯等存在巨大的差异，往往会与当地的居民和有关部门发生矛盾和纠纷。如果不妥善解决这些问题，不仅会影响当地的社会稳定和经济发展，而且会影响各民族的团结和繁荣。建立治安志愿者积分管理机制，充分调动人民群众参与的积极性，发挥他们的主人翁意识，有利于化解矛盾，维护社会治安。

第二，为了改变维护社会治安由公安机关独揽的状况，宿迁市充分调动人民群众的力量，让他们积极参与到维护社会治安的队伍中。仅仅依靠公安机关维护社会秩序而不发动群众，治安问题的解决难免会遇到一些困难和阻力。宿迁市在编警察仅 2900 人，警民之比为万分之五点三，为江苏全省最低，不及全国的三分之一。2010 年，在世博安保、校园安保、严打整治、人口普查和户口整顿等工作重压下，宿迁警力不足的矛盾更显突出。宿迁市公安局副局长孙维说，短期内增加警力不太现实，只有“发动群众”。[②] 为解决警力不足的难题，宿迁市积极探索社会管理的新举措，不断发动人民群众，使人民群众积极参与社会治安管理。

第三，建立治安志愿者积分管理机制，是新形势下响应党的号召，落实党的方针路线的必然选择。2003 年，中共中央

① 《宿迁：每个居民楼下都有治安志愿者》，《南方周末》，2010 年 8 月 19 日。

② 《“临时工”撑起的中国维稳体系》，《南方周末》，2010 年 8 月 21 日。

《关于进一步加强和改进公安工作的决定》和第二十次全国公安会议反复强调，“各级公安机关和全体公安民警要继续坚持走群众路线，相信和依靠群众，学会做群众工作”；“要引导群众自觉遵守法律法规，自觉维护正常的社会秩序，敢于同违法犯罪行为作斗争，支持公安机关工作”；“要积极探索新时期、新形势下发动群众、依靠群众做好公安工作的新思路、新办法”。[①]历史是由人民群众创造的，人民是国家的主人，这是唯物史观的基本原理。无论在何时何地，维护社会治安，管理社会，都要充分依靠人民群众的力量，如果不坚持群众路线、不发动群众其成功的可能性是非常小的。我们党无论是在革命战争年代还是在社会主义建设、发展时期，都充分依靠人民群众，坚持走群众路线，取得了显著的成就。在党的领导下，实行专门工作与群众路线相结合的原则，是我国政法工作的优良传统和独特优势。[②]

二、主要做法

宿迁市对社会治安管理创新高度重视，2008 年以来，先后推出了市民学校、治安志愿者建设、技防入农户和社区民警兼任村官等多项创新举措，不断开创社会治安管理的新形式。

为了维护社会治安，稳定社会秩序，深化平安创建工作，2008 年 8 月，宿迁市公安局在马陵公园西门举行“红袖标工程”启动仪式。在奥运来临之际，为了维护奥运期间的社会治安秩序，加大社会治安防范力度，宿城公安分局在区综治部门牵头下，联合宣传、城管、工商、环卫、建设和各乡镇街道等单位，从 8 月起至 9 月底，以社会治安防范力量配戴红袖标参与巡逻为主题的“红袖标”工程在全市范围内正式展开，在宿城区涌现出了以出租车司机、三轮车主、保洁员、送报员、水电气抄表

---

① 《城镇社会治安防控体系建设的重要性与必要性》，CPS 中安网，2010 年 10 月 21 日。

② 《社会治安综合治理的必要性和特殊重要性》，广西法制网，2006 年 1 月 16 日。

员、物业保安、加油站员工和停车场管理员等义务巡逻队组成的“红袖标”义务巡防志愿者队伍。“红袖标”巡防志愿者义务奉献，舍小家、保大家，坚守在巡逻防范的第一线，为维护社区平安、保护人民群众的生命财产安全付出了辛勤劳动，作出了突出贡献，取得了良好的社会效果。[①]“红袖标工程”这一做法后来在全省推行，成为“品牌工程”，它是开展群防群治工作的重要探索，为维护社会治安和社会稳定发挥了积极的作用。

宿迁市公安机关自觉寻找准警务创新与和谐警民关系建设的结合点，以警务创新为支撑，在关心人民群众、贴心服务人民群众的同时，把平安作为最大的民生，赢得广大群众的支持，有效激活了民力。从 2009 年 2 月开始，宿迁市公安机关开展了社区单元警务改革，对派出所信息采集、安全防范、治安管理、打击犯罪和社会服务等警务职能进行整合，并将其进行分解落实，“承包”给每个社区单元的警组，集成“联勤承包责任制”整合优势，高规格构架了打击、防范等警务职能的升级。他们从服务管理的“小环节”、影响生活的“小案件”、邻里之间的“小纠纷”等方面做起，让群众享受到公安机关提供的良好服务，切实感受到政府的温暖。[②] 这些举措为治安志愿者队伍的形成和发展打下了良好的群众基础。

2009 年宿迁市公安局大力推进治安志愿者队伍建设。首先，制定了《治安志愿者考核管理办法》，具体明确治安志愿者的工作内容。其次，实行较大力度的治安志愿者考核奖励办法。同年 12 月，宿迁市公安局出台了《宿迁市治安志愿者积分考核奖励管理办法》(试行)，建立治安志愿者积分考核奖励管理制度，并且对治安志愿者进行累积式积分管理，即按照每积 1 分换算 100 元人民币的比例，进行累积积分奖励；对一次性达到 1 分以上的治安志愿者，实行“一事一奖”或“一案一奖”，并且将奖励及时兑现给治安志愿者。此外，宿迁市公安局还联合市综治办等单位在全市范围内每年度评选 100 名“百佳”治安志愿者，

① 《江苏宿迁启动“红袖标工程”》，江苏新闻网，2009 年 7 月 23 日。

② 《宿迁警方警务改革探索的启示》，《江苏法制报》，2010 年 1 月 13 日。

给予重奖。再次，积极争取党委政府的支持设立治安志愿者专项奖励基金。一方面，市、县两级公安机关积极争取各级党委政府的支持，筹集治安志愿者奖励专项基金，并且设立基金专项账户，专款专用、专人保障。另一方面，市局邀请市综治、财政、民政、工商、国税、地税、卫生和教育等17家市直平安创建成员单位共同商讨治安志愿者建设事宜，协商各项针对治安志愿者的优惠待遇，并采取向企业定向募捐形式筹集治安志愿者奖励基金。最后，规范治安志愿者运作管理和职责分工。为了方便标识，根据省厅统一规定，全市治安志愿者除特殊原因之外，统一佩戴印有“治安志愿者”字样的红袖标。在农村地区，根据具体情况发展治安志愿者，维护农村社区治安。如每个村（居）组织建立不少于10名治安志愿者的队伍，从低保户中选择素质较高、品行端正的5至10名“守护员”；每个自然村庄选择1名“信息员”等。每村（居）每周组织治安志愿者在中心警务室驻村（社区）民警、保安巡防分队保安、村组干部等人轮班带队下，开展不少于三次的义务巡防活动；每半个月以中心警务室为单位，开展一次集中巡防或安全防范宣传活动。由于活动频繁、职责明确，全市治安志愿者队伍建设已逐步走上了规范化管理的轨道。

2010年6月中旬，中央高层领导在全国社会治安综合治理工作会议上提出，“要把继承和创新群众工作作为加强社会管理的重要法宝，紧紧依靠广大人民群众搞好社会管理”。宿迁市不断完善治安志愿者积分管理机制，积极发动人民群众参与治安防控。截止到8月，治安志愿者提供线索5700余条，抓获各类逃犯120人，破获各类刑事、治安案件1673起，为维护社会治安发挥了一定的作用。①

近年来，党中央、国务院高度重视社会管理创新工作，2011年5月30日，中央专题召开社会管理创新工作会议。5月31日，宿迁市委统战部在沭阳县召开全市统战系统服务社会管

① 《宿迁：实施志愿者“治安积分卡”》，新华报业网，2010年8月2日。

理创新工作会议，会议对增强服务社会管理创新工作的责任感、夯实统一战线服务社会管理的工作基础、探索服务社会管理创新工作的方法途径等提出了要求。

宿迁市在探索社会治安管理创新工作中，做出了很大的努力，宿迁市治安志愿者积分管理机制也逐渐在实践和探索中不断完善。

三、取得的成效

宿迁市积极响应党在新形势下的方针政策，不断探索社会管理的新模式，建立治安志愿者积分管理机制。随着相关政策和法律法规的建立和健全，宿迁市治安志愿者积分管理机制取得了显著的成效。

第一，经过不断的探索和实践，宿迁市已经初步建立了较为完善的治安志愿者积分管理机制的内容体系。2009 年，宿迁市出台了《宿迁市治安志愿者积分考核奖励管理办法》（试行），对治安志愿者的人员构成、工作职责、考核奖励等作了详细规定。2010 年，宿迁市公安部门实施治安志愿者“治安积分卡”制度。并建立“治安志愿者专项资金”，全市的“治安志愿者专项资金”有 120 万元，由市财政和各区县财政一同划拨，其中市财政每年划拨 30 万元，泗阳、泗洪等县财政不少于 20 万元。[①]此外，沭阳县出台了《沭阳县治安志愿者评选奖励办法》，实行“金银铜牌”考核评选制度，对每年积分达到 500 分、400 分、300 分和有特殊贡献表现突出的人，评选出金、银、铜牌治安志愿者各 10 名、30 名、60 名，并协调相关部门给予“金银铜牌”治安志愿者享受工商、税务、城管、就医、子女上学和社会保障等方面的政策优惠，购房分别可享受到 3000 元、2000 元、

① 《江苏宿迁“悬赏”善行义举 专家忧致全民皆警》，《新京报》，2010 年 8 月 12 日。

1000元的优惠。[1] 这些相关的规定和奖励措施激发了治安志愿者的工作积极性。

第二，宿迁市建立治安志愿者队伍，有利于维护社会的稳定和和谐，促进经济的发展。一方面，宿迁市建立治安志愿者积分管理机制，社会秩序得到了很大改观。根据宿迁市公安局的调查数据显示，自从建立治安志愿者积分管理机制，出台相关的政策法规之后，全市的警方破案数上升了7.1%，抓获人数上升了46.3%，命案下降20%。2010年1月至7月，宿迁市刑事案件占全部案件总数的17%，比2009年下降了9.7%。[2] 治安志愿者积极向公安机关提供危害社会安全、影响社会稳定、参与交通管理和社会治安管理等方面的信息，为维护宿迁市的社会稳定做出了巨大的贡献。此外，充分发动广大人民群众积极参与社会治安管理，增加人民群众与政府有关部门的沟通和交流，有利于化解干群矛盾，促进社会和谐。另一方面，社会的稳定有助于促进经济的发展。社会稳定是经济发展的必要条件，只有在良好的社会环境下才能够大力发展经济。在稳定的社会环境下，宿迁市的经济得到了良好的发展。2010年宿迁市实现了新的突破，经核算，全市GDP达1015.21亿元，增长13.7%，比2009年提升0.2个百分点。在GDP总量突破千亿元大关的同时，宿迁市人均GDP也突破了3000美元，达到了3200美元，进入到工业化、城市化加速发展的新阶段。[3]

第三，提高了人民群众参与治安防控的意识。宿迁市建立治安志愿者积分管理机制，调动了广大人民群众的积极性，他们纷纷加入到社会治安管理的队伍中。根据《宿迁市治安志愿者积分考核奖励管理办法》的规定，宿迁市建立治安志愿者奖励专项经费，并且纳入到财政专户管理，对治安志愿者不仅进行经济上的奖励，而且进行精神上的鼓励，进一步增强了人民

① 《江苏宿迁推行“治安积分卡”　每记1分可兑100元》，中国宁波网，2010年7月31日。

② 《江苏宿迁“悬赏”善行义举　专家忧致全民皆警》，《新京报》，2010年8月12日。

③ 《宿迁市2010年国民经济和社会发展统计公报》。

群众的参与意识和主人翁意识。

第四，宿迁市开展治安志愿者建设，增加了警力，缓解了原来警力不足的困难局面。治安志愿者队伍的壮大，客观上增加了宿迁市的警备力量，促进了各类案件的破获。宿迁市建立的积分考核奖励机制使更多的人民群众投身到社会治安管理中，截至2010年8月，宿迁市已经发展了5.3万多名治安志愿者，他们积极参与巡防工作，在很大程度上缓解了公安干警的压力。

第五，治安志愿者积极维护社会治安，形成了良好的社会风气。宿迁市实行“治安积分卡”制度，即以积分换奖励的方式鼓励市民多做善事，也就是把行善积德、与人为善的“善”用政策法规的形式予以量化，给予奖励。在日常生活中有些人往往会“因善小而不为”，因为感觉“小善事”不值得去做，而且如果没有做好，做善事的成本还会大大增加，会高于所得到的收获。然而现在宿迁市的这种规定就会让人感到，好心投入不仅是做好事、维护社会正义，而且也是一种事业投入，会得到回报。除了收获正常的收益之外，还会收获更多的成果。如通过一定的卡分积累，不仅能得到现金奖励，更能在今后买房子享受数千元的优惠，在工商、税务、城管、就医、子女上学和社会保障等方面享受一定的待遇。各种物质和精神的奖励，鼓舞了人民群众参与社会治安的管理和维护。因此，“治安积分卡”的出台，有利于营造“善良的”社会氛围，形成良好的社会风气。

案例点评

宿迁市在新形势下顺应人民群众的新要求，准确把握社会治安管理工作的新规律，积极探求建立与经济社会发展相适应的社会治安管理体系的新尝试。建立治安志愿者积分管理机制，是对社会管理工作的创新和突破。

宿迁市建立治安志愿者积分管理机制是维护社会安全，稳定社会治安，努力探索创新社会治安管理工作的重要举措。宿迁市积极招募治安志愿者参与社会治安的管理，得到了社会的广泛好评。首先，它改变了社会治安由公安机关独揽的传统模式，壮大了社会治安队伍，并且为宿迁市的治安队伍增添了新鲜的血液和活力。人民群众的积极加入缓解了宿迁市警力不足的困难局面，有效的提高了公安部门办事的效率和速度。其次，治安志愿者队伍的建立有助于创造良好的社会环境，促进经济的发展。经济的又好又快的发展有赖于稳定的外部环境，宿迁市治安志愿者队伍的壮大与发展为维护社会治安、稳定社会秩序做出了巨大贡献。在良好的社会环境下，宿迁市的经济也得到了较大的发展。再次，宿迁市实行的“治安积分卡”制度对人民群众的善行实行奖励，充分调动了人民群众的积极性，形成了良好的社会风气，增强了人民群众的安全感和幸福感。

宿迁市在实践中不断创新社会管理工作，取得了显著成效，但是也还存在一些不足。如治安志愿者积分管理机制缺乏规范的制度性体制、对治安志愿者进行管理和保障的各种制度不健全以及政府的财政压力过大等。鉴于这些不足之处，宿迁市应尽快完善和健全相关的法律法规，形成配套的、规范的制度体系。此外，相关政府部门要积极完善程序、加强监督，避免出现弄虚作假、贪污腐败等行为，要努力打造和谐警务、阳光警务、廉洁警务等，力争公安机关在服务全市经济、社会的发展中有新的作为，在保障改善民生中有新的成就。

山东临沂和谐拆迁
推进城镇化健康发展

案例提要： 新时期，城镇化是我国实现产业结构调整和经济增长方式转变、实现城乡统筹和区域发展的有效途径。当前，我国城镇化进入了快速发展阶段。旧城改造和新城建设是当前我国城镇化发展的两个重要内容。但是，在这个过程中，如果没有很好地解决拆迁居民的补偿、住房、就业、子女上学和社会保障等民生问题，就会引起被拆迁群众的不满和新的社会矛盾。山东临沂市在旧城改造和新城建设过程中，以人为本，有效地解决了被拆迁群众的各种民生问题，做到和谐高效地拆迁，推进了当地城镇化快速健康地发展。

案例介绍

一、问题的缘起

城镇化是一个国家和一个地区现代化发展的必然趋势。十六大提出，“要逐步提高城镇化水平，坚持大中小城市和小城镇协调发展，走中国特色的城镇化道路。”“十一五”规划要求提高城镇综合承载能力，按照循序渐进、节约土地、集约发展、合理布局的原则，积极稳妥地推进城镇化，逐步改变城乡二元结构。临沂市作为一个拥有上千万人口的城市，形成了中心城市、县城、乡镇和农村四个层面的城乡结构体系，在推进城镇化的过程中，他们以中心城区建设为切入点，通过旧城改造和新城建设，完善城市建设，提升城市的内涵和质量，实现由中等城市向大城市的转变，同时，增加对周边农村人口转移的拉力和城市文明向农村社区扩散的辐射力，推动临沂城镇化的健康发展。

临沂市拥有1000多万人口，在人口上是全国人口第四大地级市，但是在综合实力发展上还不具备大城市的实力。2002年，临沂市的城镇化率为32.9%，城镇化水平偏低，远远低于工业化水平，成为临沂市工业发展和社会发展的制约因素；同时，临沂作为鲁西南唯一一个上千万人口的城市，由于城镇化的滞后发展，没有很好地发挥区域中心城市的集聚和辐射带动作用，因此，市委市政府明确认识到必须把实施城镇化战略、发挥中心城市带动作用放到重要的战略地位。2003年，临沂市第十一次党代会明确提出要建设富裕、平安、开放、活力的“大临沂、新临沂”的总目标，实施城镇化主导和中心城市带动战略。重点实施城镇化与工业化、城镇化与市场发展、城镇化与建设宜居环境三结合，带动临沂市经济社会的大发展。

二、主要做法

（一）城镇化战略选择的背景

临沂市作为一个上千万的人口大城市，拥有中心城市、县城、乡镇和农村四个层面的城乡结构体系，在推进城镇化的过程中，他们坚持大中小城市和小城镇协调发展，形成有序分工、优势互补的空间布局，推动临沂城镇化的健康发展。

1. 以发展区域中心城市为目标定位。根据城市区位条件、资源禀赋、产业基础、文化传统和历史文脉，在全国、全球的大背景下来明确城市的功能和定位，是城市发展的基础和目标，是城市发展的有效路径。随着经济全球化进程的加快，以大城市群为特征的全球城市体系新格局正在逐渐形成，大城市群也成为衡量一国国际地位和国际综合实力的重要标志。中国城市由原来功能分散向功能整合，并最终朝向以大型城市为中心的城市群发展是大势所趋。目前，具有这种意义的大城市群主要有三个：长三角、珠三角和环渤海城市群正在发育之中。那么，进入到城市群发展的大中城市将以城市群发展为依托，实现城市的良好发展；而远离城市群的中小城镇，将孤独地面临城市的萎缩。临沂市位于山东的南部，江苏的北边，在这样一个区域里，没有进入我国正在发育的城市群，距离青岛和济南都有250公里左右的距离，距离上海和北京各600公里。因此，临沂市必须自力更生，有为才能有位，靠自己的力量做强做大自己的城市，在鲁南苏北这个区域，在青岛和济南、北京和上海的中间地带来突显自己城市的价值，产生对周边中小城镇的集聚效应。临沂市作为一个拥有1000多万人口的城市，他们城镇化战略定位于建设特大区域中心城市，是对自己城市发展明智而科学的定位。通过自身的努力壮大自己，跻身于山东建设蓝色经济区和黄河三角洲高效生态区战略，另一方面，通过特大区域中心城市的建设，实现临沂在鲁南经济区的率先发展，带动周边中小城市的发展。

2. 以中心城区建设为切入点。城市化不仅包括农村人口向城市的转移，也包括已有城市的现代化。城市现代化所反映和要求的是城市发展质量方面的提高过程；城市现代化是城市经济高效益化、城市社会文明化、城市环境优质化和城市管理科学化的集合；城市现代化的重要物质条件是在科学规划指导下的城市建设。因此，大中小城市要不断提高城市建设水平，表现在两个方面，一个是“宜人”，建设宜人居住、工作、发展的优质环境。就是要以人为本，为民服务，满足人在居住、工作、发展方面的需要；一个是“优质环境”，要真正绿化、美化、净化我们的城市。临沂市在建设区域中心城市过程中，首先定位要实现中心城区的现代化，通过旧城改造和新区建设，来完善城市的建设，提升城市的内涵和质量，实现由中等城市向大城市的转变，同时，可以增加对周边农村人口转移的拉力和城市文明向农村社区扩散的辐射力，推动周边地区农村城镇化的发展。临沂市在中心城市建设上，提出“以河为轴、两岸开发”，以基础设施配套完善为先导，新区开发和旧城改造提升并举的发展方针。在中心城区确定了“一河五片、组团发展、北上东进、年强西优”的空间发展战略，遵循“北文、中商、南工”的城市功能布局，突破东区，完善西区，提升南区，做精北区，使临沂的城市形态由单一中心向组团式结构转变，他们通过“城乡环境综合治理”、“畅通工程”、“灯亮工程”、“蓝天工程”，实施城中村、城区河道、铁路沿线、旧住宅区、城乡结合部、城区道路等六大提升改造，中心城市在城镇布局，城乡关系协调、城市功能完善、城市综合承载力增强、城乡居民素质提高、产业结构优化、城市环境改善等方面都有了前所未有的变化，城市对经济社会发展的巨大推动作用日益显现，中心城市的辐射作用明显增强。

3. 以中心镇建设为增长点，实现以城带乡，城乡互动，促进城乡共同发展。要把加强小城镇建设作为重点，与大城市和现有中小城市形成有序分工、优势互补的空间布局。这既可以形成并发挥集聚效应和规模效应，又能避免城镇过于分散造成的土地浪费，还可以避免一些特大城市过于膨胀造成的“城市病”。临沂城镇化发展战略中，他们大力发展全国重点镇和省级中心镇，利用三年时间打造20个交通方便、设施配套、环境优美、特色鲜明的明星镇和特色镇，发挥它们对农村经济的辐射和带动作用。

2003年以来，临沂市强力推进城镇化主导战略，使得临沂市在城镇化发展方面取得了突出的进展，综合实力上，正在实现由中等城市向大城市的转变。首先表现在发展速度上，2003年以来，城镇化率每年以2%的速度在增长，远远超过了全省的城镇化速度，也超过了全国的增长速度。其次表现在城镇化水平快速提升。临沂市的城镇化由1978年的7%发展到2009年的46.4%，计划在2012年城镇化率达到50%，2020年城镇化率达到60%。第三，2003年至2009年7年间，临沂市转移117万农村人口为城镇人口。第四，以城镇化为引擎，推动了临沂市经济、社会、政治、文化的全面发展，是实现临沂“经济大市、商贸强市、文化名市、宜居城市”的有效途径。例如，7 年来，临沂市生产总值年均增长 16.3%，其中城镇化建设年均拉动 4 个百分点。

（二）和谐拆迁的主要做法

1. 以人为本，解决好拆迁群众的实际问题。

临沂市的中心城区建设分两部分进行：旧城改造和新城建设。这两方面都涉及人民群众的拆迁问题，也是当前我国城镇化进程中的难点和热点。一旦解决不好，就会形成新的社会矛盾，影响社会稳定。

2005 年以来，临沂市国有和集体土地拆迁面积累计达 2600 万平方米，每年拆迁面积在 500 万平方米左右，拆迁规模在同级城市实属罕见。但是，临沂市在旧城改造和新城建设过程中，始终坚持民生为上、以人为本的原则，不管是在拆迁、补偿，还是在工程建设中，都充分考虑人民群众的利益。他们抓住机遇，将搬迁工程做成民心工程，通过搬迁，很好地解决了大规模拆迁群众的民生问题。例如：兰山区政府在法律和政策规定框架内，想尽一切办法解决被拆迁群众的“五个忧虑”。一解被拆迁群众的补偿之忧。补偿是被拆迁群众最关心的问题，补偿方式是否合理影响到搬迁工作是否能顺利进行。对于旧城改造的居民和需要搬进新城的郊区农民，区政府分别采用了产权置换、货币补偿或两者结合的方式，经中立机构评估后，就高不就低进行补偿。二解被拆迁群众的眼前之忧。房子拆了，解决群众的居住问题是当务之急，兰山区高度重视拆迁群众的临时居住问题，他们按照高于当时住房的平均费用，发给搬迁群众租房费。三解搬迁群众的安置之忧。兰山区按照合村并点、相对集中的原则，将一期治理改造范围内 33 个行政村规划建设为八大还建社区，并按照“一户一宅”和每人 40 平方米的标准进行还建安置，确保群众住有所居，安居乐业。无论是产权置换，还是货币补偿，都保证被拆迁群众住得上新房、买得起新房。四解被拆迁群众的生活工作之忧。被拆迁群众为了城市建设需要搬迁，打乱了他们原有的生产生活方式。因此，一方面需要他们自主创新，寻找新的就业方式，解决收入问题，另一方面需要政府来帮助解决就业和收入问题。临沂在北城新区建设中，按照城市总体规划和项目要求，为被拆迁户每人预留10平方米的商业用房，由村集体统一运作，集中分配，保证村民有稳定的收入来源。同时鼓励群众将安置用房、生产经营地等资产量化作价入股，进行收入再分配。政府还加大力度扶持被拆迁群众自主创业，对从事加工、商贸等行业的搬迁群众实行税费减免和贷款扶持。同时，对失去土地的农民进行培训和推荐就业工作，让他们尽快适应城市经济社会的发展。五解被拆迁群众的长远之忧。北城新区给男满60岁、女满55岁的被拆迁群众买了养老保险，保险费用政府出1/3，其余2/3由村集体从土地收益中出。符合参加城镇职工社会保险条件的被拆迁户，按规定参加城镇职工社会保险，享受社会救助等政策。

2. 有序转移农村人口，实现城乡居民的和谐搬迁。

临沂市在城镇化过程中，通过中心城区的旧城改造和新区建设转移农村人口，通过经济开发区产业发展吸纳农村人口，通过小城镇、中心村的建设集聚农村人口，稳步有序地转移农民进入城镇。

在临沂经济技术开发区的建设过程中，他们按照“合村并点、相对集中”的原则，将辖区内68个村统一规划合并成8大社区。例如：月亮湾社区规划面积为150万平方米，可容纳16个村3万名群众居住。临沂北城新区下辖55个行政村（社区），其中33个行政村已经纳入社区改造范围。如大观园社区由原来大官庄等5个行政村合并而成。临沂市的费县探沂镇许由城村共有1890人，住宅地430亩。全村整体集中搬迁后，新社区占地120亩，全部建成后实现村民集体入住，大量节约了土地。临沂市在大规模农村人口进入城市的大转移过程中，始终坚持以人为本的理念，并把以人为本的理念具体化，体现在为拆迁群众排忧解难的细微之处，从细节着眼、从小事入手，努力改善拆迁群众的生活条件，提高被拆迁群众的幸福指数。据对涑河片区、月亮湾社区和北城新区大观园社区206户被拆迁群众的问卷调查和部分家庭访谈情况，绝大部分被拆迁群众的收入、就业、住房和社会保障都得到了极大改善。以北城新区大观园社区为例，被拆迁群众的拆迁补贴大多在5万到15万元，购置新房的费用大约为10万元，拆迁补贴和新房价格相差不大，使得农民购置新房负担较小。拆迁前的职业和现在职业变化较大，现在的职业结构要明显好于拆迁前，务农比例减少了13.3%，打工比例大大增加，无业人员比例明显减少。家庭收入明显提高，1万元以下的收入人群减少了10%，该社区收入处于1万到3万的居民占了大多数。新房面积100平米以上占78%，53.3%的被拆迁群众住房面积在120平米以上，比较宽敞。

3.“取之于民，用之于民”，真正让拆迁群众得实惠。

推进城镇化要解决两个重大问题：一是钱从哪里来，二是人往哪里去。城市建设需要大量资金投入。7年前，临沂市是一个经济发展相对落后的革命老区，财政收入仅仅能解决公务员的工资问题，建设资金紧张一直是制约城市发展的瓶颈。临沂市的城市建设资金主要是通过以城建城、以城养城、以城兴城的市场化运作获得的。例如自2004年开始，北城新区政府将所有经营性用地全部实行招拍挂，到2009年全市土地交易累计实现政府收益100多亿元。通过市场化运作，极大缓解了政府城市建设资金紧缺的问题，加快了中心城区的建设和城镇化进程。对于这些收益，他们坚持“取之于民，用之于民”的原则：一部分用于拆迁安置，改善群众的居住生活环境，保障群众的生活需求；另一部分用于城市道路、桥梁、公园、绿地、文化等基础设施和公益事业的建设，使广大群众充分享受到拆迁改造和城市建设带来的成果。例如，在北城新区旧村改造过程中，为解决村民拆迁后的就业和生活问题，政府在确保现有村民全部安置的基础上，按安置用地面积的10%～20%预留了部分安置住房备用地和人均10平方米的商业用地，由政府统一办理用地手续后交付集体使用和管理，村民可以从中获得相应的收入；出让部分土地的收益全部用于村民购买养老保险、村民安置小区的配套设施和商业服务设施的建设；将村民的安置小区纳入统一的物业管理，村民们过上了城里人的生活，村集体承担50%的住宅专项维修资金；对物业管理费进行了大幅度优惠，并由村集体为居民一次性支付了5年的物业管理费和高层建筑电梯费，确保居民安置房住得上、住得起。在北城新区开发建设中，政府为男满60周岁、女满55周岁的群众一次性购买养老保险，每月每人可以拿到215元养老金。

三、取得的成效

依法拆迁、规范拆迁行为，这是实现和谐拆迁的前提和基础。在整个拆迁过程中，他们建立健全拆迁补偿、裁决、听证制度。严格按照法律规定的程序、权限和时限，办理房屋拆迁许可证以及相关事项的审批手续；严格规范拆迁工作的各个环节和流程，做到流程清楚、要求具体、期限明确，政策面前人人平等。建立健全了有效的拆迁补偿资金监督管理制度，确保各项监管措施执行到位，做到公开、透明、民主、监督。这就从源头上规范了拆迁行为，保障了被拆迁群众的利益，减少了拆迁纠纷的发生。

临沂市以推进城镇化和旧城改造为契机，一方面加快城镇化进程，促使城市旧貌换新颜，另一方面积极有效地改善老百姓的住房条件。在政府主导下，把保障性住房与旧城改造和政府土地收储相结合，优先保证保障性住房建设用地，有力地推进了保障性住房建设。2009年，全市累计开工建设经济适用房410万平方米、61000套，廉租房24.3万平方米、5000套，解决了近7万户低收入家庭的住房问题。同时，政府在实施中心城市带动战略的过程中，坚持旧城改造和新区建设同步进行，利用市场机制，加大对城市中棚户区和城中村的改造，满足群众要求改善住房条件的要求，推动房地产市场的快速发展。

案例点评

城市化的本质是人的城市化。“农民市民化”指借助于工业化和城市化的推动，使传统农民在身份、地位、价值观、社会保障以及生产生活方式等方面向市民转化，以实现城市文明的社会变迁。近些年来我国城镇化率提高较快，但在现行统计的城镇人口中，约有1.5亿农民工及其家属仍然常住城镇，在公共服务等方面还没有完全享受与城镇居民相同的待遇。因此，在这个过程中，政府要加快制度上的改革和创新，解决户籍制度以及与此相关联的进城农民的劳动就业、子女上学、住房、社会保障等制度层面的问题。政府要积极开展对进城农民的职业技能培训，提高他们的生存技能和就业能力，帮助进城农民转变行为方式和生活方式，适应城市生产生活的需要。总之，我们的城市化要健康发展。就不能让进城农民变成城市贫民，在城市形成新的贫富“二元结构”，出现“城市病”。临沂市在目前的旧城改造和新区建设中，对被拆迁群众的补偿与住房安置、就业和医疗保障等方面，作了大量工作，得到了群众的肯定。但是，在户籍制度改革、被拆迁群众的就业培训、养老保险、城市公共交通和社区服务等方面，还有改善的空间。

浙江温岭市松门镇民主恳谈会

案例提要：在社会管理中，社会成员既是我们管理和服务的对象，也是社会管理的主体。当前，随着我们国家温饱问题的解决，人民群众的法制意识、民主意识、参与意识、维权意识日益增强，考验着我们党委政府决策的科学性、民主性。社会管理格局的创新要求我们充分发挥公民参与的作用，公民有序参与社会管理的制度创新已刻不容缓。浙江省温岭市松门镇1999年创立的“民主恳谈会”是农村社会公民参与社会管理的一种好的形式，其10多年的探索值得我们借鉴和学习。

案例介绍

一、问题的缘起

从1987年开始，浙江省开展农业农村现代化教育即农民的集中性教育，通过召开动员大会、宣传发动，然后给群众上课的形式连续搞了多年。虽然每年的教育主题不一样，但所采用的教育方式却十几年没有变。群众对于这种一成不变的教育方式已颇有微词，同时，取得的成效也不大。

1999年6月，担任市委宣传部理论科副科长的陈奕敏要到温岭市试点单位松门镇去指导全省推行的农业农村现代化建设教育。朱从才作为当时松门镇的镇党委书记，想改变以往的教育形式，不再搞形式主义，要搞实际一点，并建议可以考虑搞一个记者招待会一样的形式。把这一想法报告陈奕敏后，他觉得这个想法非常好，于是他设计了一个群众自愿参加、自由发言方式的农业农村现代化教育论坛。这正是民主恳谈的雏形。随着整个社会文化教育水平的提高和现代信息技术的发展，人们借助先进的信息传播工具了解各种各样重大问题的机会大大增加，公民意识也大大增强，这些都使得公民直接参与社会政治生活成为可能。[①] 浙江省经济发展的同时，政治文明建设也亟待加强，民主恳谈应运而生，符合民众参政议政的愿望，激发了民主生活的活力。

松门镇提前5天在各个村以及镇里的闹市区等处张贴公告，告诉农民们有这样一个论坛，告知群众如果谁想参加，何时、何地按公告所通知的准时出席。当时镇里的领导也有所担心：农民们会来吗？出乎意料的是，论坛那天，镇政府的小会议室里挤满了200多名自愿前来的群众。1999年6月25日，松门镇党委、政府召开了主题为“推进村镇建设、改善镇容村貌”的第一期“农业农村现代化建设论坛”。论坛召开时，镇里的主要党政领导、税务、工商等负责人坐在台上，群众坐在台下，就他们关心的一些问题提出意见，干部解答。但人来得多，群众提的问题也很尖锐。比如，镇上一个小区的代表问镇党委书记，他们每户交了3000元钱给镇里，是准备搞路面硬化、亮化、绿化工程的，钱到底哪去了。书记当场问分管城建的副镇长，副镇长说确实有这么回事，不过钱挪用到另外一件事上了。书记只得当场承诺，3个月内一定解决好这个问题。麻辣的效果超出镇领导预期，不过却正符合他们想象的效果。[②] 松门镇第一次“农业农村现代化建设论坛”召开后，引起了巨大的社会反响，得到了群众的积极响应。当年松门镇就举办了四期，参加的群众达600多人次，提出问题110件，当场解释、答复84件，承诺交办26件，被当地群众誉为松门的“焦点访谈”。在温岭市委的号召下，各个镇都向松门镇学习。如泽国镇的“便民直通

---

① 贾西津：《中国参与式民主的新发展》，世界与中国研究所《背景与分析》第76期。

② 《浙江温岭协商式民主试验11年　预算监督引入市府》，《潇湘晨报》，2010年6月。

车”、灵山镇的“便民服务台”，还有“村官承诺制”、“民情恳谈”等等，虽然名称不一样，但其内容实质上和松门镇差不多，都是把变“干部对群众的说教”为“干部与群众的对话”，干群共同解决群众生活中的实际问题。后来温岭市委宣传部为了统一组织，进一步规范这种民主的形式，决定采用“民主恳谈”这一名称在全市推广。

二、主要做法

1999年底，温岭市委领导组织省内外专家召开了一个研讨会，专门研究“农业农村现代化建设论坛”并组织了现场观摩。专家们亲临现场，体验了整个恳谈会的全过程。在现场会上，专家们看到：干群之间就某个实际问题展开激烈讨论，然后共同商讨解决措施。专家们认为，恳谈会已经超出了它当初作为思想政治工作载体的范围，这是一种民主的形式，是基层民主的新形式。专家对恳谈会的定位给了市委领导极大的启发，他们认为这个主题的意义比单纯地作为思想政治工作的载体要重要得多，也是满足公民参与的一种重要形式。以此为契机，温岭市的民主恳谈活动开始深化，大致经历了以下几个步骤：

第一阶段是对话型民主恳谈，主要沟通的是具体问题。群众对大到镇里的投资环境、基础设施建设、村镇建设规划，小到邻里纠纷、日常生活用品价格等问题提出自己的看法，镇领导认真、仔细地考虑、作答。乡镇、村（街道）都开始推行这一民主方式，松门镇甚至一个村一年举行40多次民主恳谈会，小到购买垃圾桶的造价、颜色、放到什么地方都要拿出来讨论。有的问题当面作了澄清，有的问题当场予以解决，还有的问题则承诺了具体的解决措施和时间。这是松门镇的第一次“农业农村现代化建设论坛”，这个“不用花钱就能办成大事，解决难事的好地方”受到广大群众的一致好评，有人把它称做“松门镇的焦点访谈”[1]。但同时随着民主恳谈的开展，人们越来越认识到，一次恳谈会中提出的问题太多，在一次会中不可能解决所有的问题，必须把每次恳谈会的议题分类并集中，即每次恳谈会都要有一个非常明确的主题，讨论什么问题，解决某项事情，只有这一项得到明确的解决办法后，才展开讨论另一个议题，这样可以切实提高恳谈会的成效。与此同时，温岭市委宣传部规定所有的行政村、私企、国企都要搞民主恳谈。

第二阶段是决策型民主恳谈，主要让群众参与公共事务决策管理。基层民主主要包括四个方面：民主选举、民主决策、民主管理和民主监督。民主选举在我国现行体制下，还不能实现由村民直选镇长或村党支部委员会书记，这还没有法律规定，村民只能直选村主任。所以温岭市就把民主恳谈会定位在了民主决策、民主管理和民主监督上，而且深化的重点放在民主决策方面。2004 年，温岭市委出台关于民主恳谈的文件，规定民主恳谈是乡镇政府决策的必经程序，并将其列入政绩考核体系，与乡镇官员奖金直接挂钩。这一年，温岭的民主恳谈获得了第二届“中国地方政府创新奖”。

民主恳谈会深化以后已慢慢转变为讨论社会的公共事务了。以前虽有议题，但那也是些比较宽泛的议题，有时群众提出很琐碎细微的问题，并且他们的提问往往会超出议题的范围，即政府提前不知道群众会提什么问题，群众提问什么，他们回答时也没有时间做充分的准备回答，回答不了的就暂时搁置。深化以后则改变了这种情况，使得恳谈会更具有计划性和高效性。深化后开始张贴公告时，不仅公布恳谈会的时间、地点和主题，同时公布镇里的初步方案，让群众能事先进行充分讨论。由于群众掌握信息时具有不对称性，所以镇里经过周密地调研之后提出的方案更具有科学性和合理性，也为群众提供了一个很好的参考。这样参加恳谈会的群众就更有代表性，使恳谈会能开出更高的质量。

---

① 温岭市委组织部：《民主恳谈的诞生》，《共产党员》，2009 年 5 月。

2004年，当温岭的民主恳谈进行了6年之后，下一步该怎么走？世界与中国研究所所长李凡提出了一个思路："将民主体制外的恳谈搬到体制内"，这样才能保证这一试验的可持续性。他选择了一个大家最感兴趣的话题，这就是后来的"参与式预算改革"。由此，恳谈会进入了第三阶段，群众开始对政府的财政预算进行参与和管理。财政预算的监督本来就是人大的职能，可以通过参与式预算监督把人大代表的职能实际运用起来，也把民主恳谈会与基层人大工作相结合。2005年初，温岭市将乡镇的财政预算编制和审查列入民主恳谈的内容，探索实施参与式预算。由于在全国参与式预算领域所取得的开创性成果，2008年1月，温岭参与式预算被评为"2007十大地方公共决策实验"。

2004年3月15日松门镇第十四届人民代表大会第三次会议为完善民主恳谈会通过以下决策：

第一条　为进一步深化完善民主恳谈制度，推进基层民主政治建设，建立科学的民主决策、民主管理、民主监督机制，保障人民群众依法直接行使民主权利，管理基层公共事务，根据《中华人民共和国宪法》、《中华人民共和国地方各级人民代表大会和地方各级人民政府组织法》、《浙江省乡镇人民代表大会主席团组织条例》等有关规定，结合本镇实际，特制订本规定。

第二条　民主恳谈是政府就公共事务与公民平等对话、民主协商、充分论证的基层民主新模式，是落实民主决策、民主管理、民主监督的有效途径。

第三条　民主恳谈应遵循的基本原则

（一）坚持党的领导原则　开展民主恳谈要在镇党委的统一领导下进行，民主恳谈议题的确定、决策的形成、实施和监督都要坚持党的领导，贯彻党的路线、方针、政策。

（二）坚持民主集中制原则　开展民主恳谈要充分听取群众意见，反映民情，集中民智，统筹兼顾各方利益，切实维护最广大人民群众的根本利益。

（三）坚持依法办事原则　开展民主恳谈要在法律允许的范

围内进行，所作出的决定或决策要符合国家法律、法规、规章的有关规定。

（四）坚持注重实效原则　开展民主恳谈要坚持有利于推进问题的解决和工作的落实，有利于推进松门政治、经济和社会的发展，有利于保护公民的民主权利和合法权益。

第四条　民主恳谈的议题和范围

（一）镇经济和社会发展规划的编制、修订、调整。

（二）政府投资但没有列入镇人代会讨论决定的、阶段性的重大工程建设项目。

（三）本镇经济和社会发展的重要决策、社会公共事务管理办法的制订和修改。

（四）群众普遍关注的公共事务或反响强烈的重要事项。

（五）镇政府、镇人大主席团认为需提交民主恳谈会讨论和决定的事项。

（六）五分之一以上镇人大代表联名提出，经镇人大主席团同意列入民主恳谈会讨论和决定的事项。

（七）其他涉及本镇大多数群众利益的重要公共事务和公益事业。

第五条　民主恳谈的基本程序

民主恳谈会可定期或不定期开展，一年不得少于四次，一般每季召开一次，遇特殊情况可随时召开。

（一）议题的确定和初步方案的形成　议题的确定和初步方案的形成必须在深入调查研究的前提下进行，提出的议题和形成的初步方案，必须具有较强的可操作性和实际可行性，符合国家有关法律、法规和党的路线、方针、政策。

（二）会前的通知和会议对象的确定　民主恳谈会的议题、时间、地点应在会议召开前5天发出通告。本镇公民和社会各利益群体均可自由参加民主恳谈会。根据需要，邀请部分市镇两级人大代表、政协委员和其他相关人员参加。

（三）民主恳谈的方法　首先由民主恳谈会主持人通报本次恳谈会议题提出的缘由和初步方案及意见；然后参加对象围绕

议题有序发言，提出建议、意见。在听取建议、意见的基础上，召开班子会议，对初步方案进行修改、调整、完善；再将吸收群众和班子会议的集中意见向与会对象通报。

第六条　人大决定　下列事项应在民主恳谈会后由镇人大主席团召集人大代表依法决定

（一）未列入当年人代会讨论又确需作出决定的重大事项和决策。

（二）民主恳谈会上意见难以统一的事项。

（三）镇政府认为需提交镇人民代表大会讨论决定的重大事项。

（四）镇人大主席团认为需要提交镇人民代表大会讨论决定的重大事项。

（五）五分之一以上人大代表联名提出经镇人大主席团同意需要召开人民代表大会表决的有关事项。镇人民代表大会对有关事项进行审议、表决，由镇人大主席团同意主持召开，本镇公民和社会利益群体提出申请并经镇人大主席团同意，可参加旁听，会上镇政府应将初步方案和民主恳谈会上群众提出的意见向人大代表通报，人大代表经充分讨论后，对某事项进行依法表决，作出决定。

第七条　民主恳谈结果的实施和监督

（一）民主恳谈会的结果应在民主恳谈会后半个月内向群众通报。

（二）民主恳谈会讨论决定的事项和人民代表大会表决决定的事项，镇政府要认真组织实施，并接受镇人大代表的监督。对于未付诸实施的，镇政府应在下一次镇人民代表大会或民主恳谈会上向人大代表和群众作出解释。

第八条　附则

（一）本规定由镇人大主席团负责解释。

（二）本规定自通过之日起施行。

后来把民主恳谈会与党内民主结合起来。党内民主体现在四个方面：（1）保障党员在党内的民主权利；（2）发挥党的代表大会的作用：包括党代会的年会制和党代表的常任制；(3) 健全和发挥党委内部的议事和决策制度：重大事项的党委表决制，包括人事问题和党内的重大事项；(4) 推行党内民主选举：[1] 温岭市把民主恳谈会引入了党委内部的议事决策制度和党代会常任制。在党代会召开期间，党代会在作出决定之前召开民主恳谈会，党代表和党员都可以对党代会提出的议案或一些重大事项提供自己的参考意见，这是把民主恳谈会引入党的代表大会的形式之一。松门镇还把民主恳谈会引入党委内部的议事决策。

三、取得的成效

温岭市松门镇开创的民主恳谈方式，其实是一场领导干部的“自我革命”，通过让老百姓参与公共事务的管理，使我们的公共政策更加民主、更加科学、更加符合“以人为本”的执政理念。

首先，当代西方参与式民主理论认为，对政治的参与能够强化人们的政治责任感，培养人们对公共问题的关注，有助于形成积极的、对政治事务有更敏锐兴趣的公民。参与式民主理论的主要代表人物麦克弗森在其著作中指出，公民只有不断地、直接地参与国家和社会的管理，个人的自由与发展才能充分实现。[2] 经济利益的驱动，政治环境的变化，使广大农民以前所未有的政治热情关注自己的切身利益，关注村中事务的管理和乡村干部的行为方式，并迫切要求参政议政以能够用政治上的民主权利来保障经济上的自主权利。民主恳谈会直接促进了民众对公共事务的关心和参与，为群众参与公共生活提供了平台。让人民群众通过各种途径直接参与民主决策、民主管理和民主监督，以维护人民群众的根本利益及促进政府对各项公共事务

---

① 邓旭峰：《关于党内民主若干问题的研究》，武汉大学硕士论文，2004 年。

② 贾西津：《中国参与式民主的新发展》，世界与中国研究所《背景与分析》第 76 期，2004 年 10 月。

进行更为有效的民主治理。马斯洛的需求层次理论中提到，人的价值的自我实现是最高层次的满足，民主恳谈会便是满足群众自我价值的一种有效方式，有利于促进公民的自由与发展。

其次，推动了干部领导方式的转变和决策质量的提高。在民主恳谈会以前，好多政策都是在群众不知情的情况下决策就做出来了。现在则不同，镇里、村里、企业里的重大事情必须经过民主恳谈会，领导做决策要经得起民众的检验。这就要求领导干部深入实际，做好调查研究，积极思考工作中存在的问题，广泛听取民众意见，力求使决策更符合民意。决策民主化的过程有利于形成科学合理的决策，有效地克服了原来由少数人决策所带来的片面性和局限性，促进了决策质量的提高。

再次，有利于协调各方面的关系，减少上访与群体性事件的发生。通过召开民主恳谈会，村民可以自己负责村里重大事务的决策，当党支部和村委会的意见不统一时，由村民统一公决，群众认为哪个意见对就按哪个意见办，无形中就减少了两委之间出现冲突的机会，协调了党委和村委的关系。自己决策被采纳必定激发广大基层民众的现代民主政治热情和信心。同时群众亲眼看到了党委、政府为老百姓、为当地的社会经济发展所做的工作，党委、政府在群众中的信任度也提高了。2001年和2002年，温岭市青屿乡与江厦乡先后并入温峤镇。为了整合资源，镇政府打算把青屿中学并入江厦中学，并举行听证会决策。当时，群众认为镇政府实际上已经做出了决策，听证会只是形式，极力反对进行学校合并。听取村民意见后，镇两委决定保留青屿中学，但政府不再追加投资；青屿学生可自愿加入江厦中学，并免去跨校费。后来，由于投资集中建设江厦中学，一个学期后，所有青屿学生都自愿加入江厦中学。“如果不是采取民主恳谈并听取了群众意见，当时肯定会上访不断。”当地的镇领导后来反思说。从这件事中可以看出，恳谈会对于协调各方关系，有积极作用，也间接地减少了行政成本。

最后，有利于防止腐败，促进廉政建设。在浙江温岭，各个乡镇的财政预算必须经过民意代表一个项目一个项目审核、监督和人大代表审议才能通过。恳谈会使得官员在更加透明的环境与制度下展开工作，因为有群众对其直接进行监督，无形中对官员形成一种约束，是防腐的良药，从而促进了廉政建设。

案例点评

温岭市松门镇开创的民主恳谈模式为中国基层民主政治的发展提供了一种新的切入途径。既为群众参与公共生活提供了平台，也是充分利用传统资源的表现。这种把党的群众路线加以制度化的机制，也是党在新的历史条件下探索创新群众路线的有益尝试。这种模式有利于表达民情民意的同时不会直接冲击既有的权力结构，改革阻力和政治风险大大降低，是各地可以进行“复制”的社会管理创新的新模式。总的说来，民主恳谈丰富了基层民主形式，扩大了基层民主，构建了基层民主治理的新平台。为广大人民群众自由、广泛、直接参与基层社会公共事务的决策和管理提供了新的渠道，提高了社会公众对基层社会事务的知情度、参与度。同时也为基层群众监督乡镇政府的权力运作提供了新方式，进而在一定程度上防止了官员特权化。恳谈会对建设有中国特色的基层民主政治具有重要的示范作用。

江苏省睢宁县创新社会管理舞出乡村新风采

案例提要：加强和创新社会管理的重点和难点都在基层。因此，就对基层组织建设和社会管理提出了新的更高要求。当前，我国正处于社会转型的加速期，各种社会矛盾和社会问题明显增多。在这一新形势下，基层社会管理工作面临诸多挑战。过去的一些社会管理理念，比如重管理轻服务、"兵来将挡水来土掩"的被动应对社会问题和矛盾，都已经不能满足和谐社会建设和人民群众的需要。江苏省徐州市睢宁县创新社会管理，在全县推广"舞动乡村"活动，在基层社会管理和服务方面取得了显著成效，舞出了乡村新风采。

案例介绍

一、问题的缘起

随着经济社会的快速发展与城镇化进程的推进，我国由传统农业社会向现代工业社会转型的步伐不断加快。在这一过程中，社会结构变动引起各种利益关系不断调整，加之国情的特殊性和城乡二元分割等历史遗留因素的影响，农村中社会矛盾和社会问题日益凸显，并呈现复杂性、广泛性、多样性等特点。因此，有必要加强和创新基层社会管理，这是构建社会主义和谐社会的重要内容，也是建设社会主义新农村的主要措施。

2011年2月19日，胡锦涛同志在中央党校省部级主要领导干部社会管理及其创新专题研讨班开班式上强调，要“进一步加强和完善基层社会管理和服务体系，把人力、财力、物力更多投到基层，努力夯实基层组织、壮大基层力量、整合基层资源、强化基础工作，强化城乡社区自治和服务功能，健全新型社区管理和服务体制”。

睢宁县曾是一个社会问题和社会矛盾丛生的落后县。在外界看来“睢人好讼”似乎已经成为不争的事实，睢宁百姓戏称“人民来信是特产”。2007 年，睢宁县除了人口数量排在江苏省第 3 位，财政收入、国内生产总值等主要经济指标在全省都排末位。全县 130 多万人，有 23 万人生活在贫困线以下，当时该县还是“省重点扶贫县”、“省信访重点管理县”、“省政法重点管理县”、“省计划生育重点管理县”。和经济社会发展滞后相伴生的，还有干部作风飘浮，群众爱上访、好诉讼，导致干群关系十分紧张。睢宁县行政办公中心经常被上访的群众围堵，最严重的一次是在 2007 年的冬天，办公中心被堵了 13 个小时，很多干部出不去，连饭都吃不上。[①]

睢宁县有 16 个乡镇。近年来，虽然农民的生产生活条件得到显著改善，但是精神文化生活仍然比较单调。村民白天忙碌一整日后，到了晚上除了看电视，几乎没有其他的文化活动可以选择。而且农村路灯很少，晚上到处漆黑一片，村民们想出来活动也非常不便。此外，由于长期以来经济发展落后，加之群众之间大多是“各人自扫门前雪”，彼此间来往不多，干部和群众、群众与群众之间交流甚少，致使关系疏远、人情淡薄，干群关系失调，矛盾丛生，集体观念也逐渐淡薄，基层管理工作难度加大。各村经常出现要开会商量事情时很难召集全村村民的情况。村干部在处理村内政务和调解邻里纠纷时也会遇到很多阻力。很多群众都怀念过去晚上聚在一起聊天、看电影的热闹场景，村民们都渴望有个愉悦身心、享受夜生活的好去处。同时，因历史遗留问题及村干部工作方法的不当，造成群众上

① 马明洁　黄冲：《社会矛盾凸显期　睢宁为啥迈向政通人和——访江苏省睢宁县委县政府督查室主任彭燕》，载《中国青年报》，2010 年 6 月 3 日。

访比较多，镇党委政府疲于应付而没有时间去抓发展，恶化干群关系的同时，也出现发展落后的恶性循环。

在这一社会矛盾凸显期，睢宁县王集镇党委政府一直在思考这样一些问题：干群关系如何融洽？如何缓和社会矛盾？如何增进群众之间的友情？如何更好地管理村级事务？怎样丰富群众的精神文化生活？如何让群众生活的更幸福等等，最终他们以“舞动乡村”活动为平台搭起了干群之间有效沟通的桥梁，创新了社会管理。

二、主要做法

为了在新形势下增强基层党组织的凝聚力，丰富逐步富裕起来的农民的文化生活，创新社会管理方式，找准基层群众工作的切入点，在干群之间架起一座心灵相通的桥梁，睢宁县王集镇继2010年实现“村村通路灯明”工程后，镇党委政府领导班子一致认为要探索出一条创新社会管理的新路子。

2011年年初以来，王集镇从聚人气入手，进行了大胆的尝试。首先是从送电影开始，但现如今老百姓物质生活水平显著改善，闲暇时在家上网、看电视，想看什么就看什么，很少有村民还稀罕放电影，送电影活动反响冷淡。继而镇里又开展有奖知识竞猜活动，虽然该活动能够刺激村民一时的参与热情，但由于不可能天天搞竞猜，使得活动难以长久，最后只能作罢。后来王集镇经过多次调研发现，村民要求健身的愿望非常强烈。于是镇党委政府决定搭建“舞动乡村”活动平台，通过这个平台，来加强和创新基层社会管理。

人们聚集在一起跳集体舞，在城市中是比较普遍和平常的现象，但在农村里就显得格外新鲜。为了更好地发挥“舞动乡村”这个平台的作用，王集镇首先在庄楼村试点，试点十分成功。活动刚开始时，为了调整村民不好意思跳的心态，村干部首先带头跳起来以活跃现场的气氛。在村干部和现场气氛的影响下，渐渐地，村民们不断地加入，越来越多，最多的时候达到400多人。据庄楼村党支部书记吴伟介绍，以前村里通知开会商量事情时，许多村民都找借口不来。然而这次在村广场跳集体舞，从试点开始村里面就没有一个反对的，而且每天晚上来参加活动跳舞的人数都在300人以上，男女老少都有。试点刚开始时活动安排的时间是晚上7：30—9：30，但随着试点的推进和村民参与活动积极性的不断提高，有些村民认为2个小时的时间太短，不能尽兴，主动要求延长到10点。“大家愿意参与了，良好的效果也显现出来了。”吴伟说。伴随着音乐的节奏，每个人的动作需要和大家协调统一，这就能潜移默化地引导村民的思想行动与全村群众保持一致，有利于村务工作的开展和全村的和谐发展。同时，“舞动乡村”活动也融洽了邻里关系，群众之间、干群之间的一些矛盾在参与活动过程中也得到了化解。

试点工作结束后，王集镇党委政府经过多次讨论论证后，决定在全镇推广“舞动乡村”活动。由镇里出资集中购置音响器材等相关设备，分发到全镇的28个村（社区），然后从镇中、小学校请来音乐和舞蹈老师与各村结成对子，老师们义务教村民跳健身舞。村干部自发地将村里爱好唱歌、跳舞的青年人找来，然后将有唱歌、跳舞基础的中老年人也请来，与音乐、舞蹈老师们认真研讨和排练，随后推广到各村。镇里面为“舞动乡村”活动安排了专门的训练场地，由各村派人到镇里免费学习，再回到村里教给大家。同时，各村都挂起了“舞出好身体，舞出好心情，舞出幸福感”的大幅标语。慢慢地，越来越多的村民放开了步子跟着跳，许多村民跳起了生平第一支舞。“‘舞动乡村’是个好事”，宋南村一组的宋淑英说：“每晚俺儿媳妇和俺孙子都会一起过来，俺今年虽说62岁了，但基本上也都跳到晚上10点才回去。跳舞跳得大家身体好，心情也好!”

在健身舞的休息间隙，村干部会向村民公布村级经济发展目标、措施和重点工作安排、村民理财小组、村务监督委员会等监督组织也充分发挥职能作用，督促村干部将财务收支管理情况、一事一议筹资筹劳标准及使用情况、执行计划生育政策和征缴社会抚养费情况、各项涉农资金和补贴发放公示情况等群众比较关心的热点、焦点问题以及勤政廉政情况等向村民详细汇报。村民就自己关心和疑惑的问题，现场质询，村、组干部现场解答。柳林村党支部书记许杰说，以前新农保续保问题，村喇叭吆唤十几遍，村民很少有搭理的。现在有了这个平台传递信息，几百号人一下子就知道了，第二天基本上就都办好了。

在此基础上，王集镇还在群众中开展“身边的好人”、“高效农业致富能手”、“文明和睦家庭”、“热心公益群众楷模”等系列评选活动，对评选出的优秀村干部和群众予以物质奖励，以切实调动农村基层干部群众的积极性。

王集镇开展“舞动乡村”活动，既为村民提供健身、娱乐的休闲环境，男女老少欢聚一堂，唱红歌、跳健身舞，丰富了农民精神文化生活，同时又把村务内容融入其中，使“舞动乡村”活动成为老百姓容易接受的议事和信息交流的平台，引导村民更好地参与到乡村事务管理中，并参与议事议政，拉近了干群距离，不断赋予“舞动乡村”活动新的活力和动力。

三、取得的成效

“舞动乡村”活动的开展，使沉寂的乡村夜晚伴着旋律“舞动”了起来。活动不但密切了干群关系，融洽了邻里关系，同时也增强了基层党组织的凝聚力和号召力，对发展稳定起到了促进作用。2011年9月，中国青年报社会调查中心公布的睢宁县公众对镇村工作满意度调查结果显示，睢宁县16个镇中，王集镇得分最高。调查结果表明，王集镇有超过95%的村民支持和拥护镇、村干部。这是王集镇以“舞动乡村”活动为平台创新社会管理所取得的成效。

第一，“舞动乡村”活动丰富了农村居民的业余文化生活，提高了农村生活质量。现在农村外出打工的人比较多，村里留置的大都是老人、妇女和孩子，几乎没有什么有意义的文化生活特别是集体文化生活。现在通过跳集体舞的形式，每晚把村民都聚集在一起，有说有笑地一块儿跳舞，大大升华了群众的精神生活。此外，在跳舞广场周围还摆设了许多小桌小椅，为一些老人提供了打牌和下棋的场所。①

这一活动在丰富群众业余文化生活的同时，也提高了农村居民的生活品质。

第二，“舞动乡村”活动融洽了邻里关系，提高了群众对村政村务的知情度和参与度。跳健身舞、唱红歌既喜闻乐见又健身强体，而且具有很强的集体性和参与性。农村在实行家庭联产承包责任制后，各家各户基本处于分散的状态，不但群众之间来往少了，甚至村委会开会时都很难把人召集齐全。而王集镇通过跳集体舞的形式一下子把人几乎召集全了，在活动的间隙，村委会干部还能将近期重要的村政村务向大家宣讲，取得通报情况、宣传教育的良好效果。以前在马浅村，每次开会商量事都很难召集到村民，而且村干部在调解邻里纠纷时，东家说说西家劝劝，可双方谁都不愿低头让步，取不到什么效果。现在有了这个交流机会，即使乡邻之间、干群之间白天出现了点磕磕碰碰，大家晚上跳舞的时候一说道，不愉快立刻烟消云散。李时村有一户家庭，由于婆媳不和，儿媳不愿给婆婆交医保钱。村党支部书记李刚知道后便利用跳舞休息间隙，不点名地提了这件事情，在村民中引起了共鸣。旁敲侧击之下，让这位儿媳很不好意思，主动认识到自己的错误，第二天就把钱给交上了。现在王集镇各村晚上乱串、斗嘴、打架等不和谐现象明显减少，呈现出安居乐业、和谐稳定的局面。

第三，“舞动乡村”活动创新了社会管理，密切了干群关系，增强了基层党组织的凝聚力和号召力，促进了社会和谐稳定。这一活动是政府搭台，让村干部和群众唱主角。通过“舞动乡村”活动的开展，镇、村干部认真听取群众心声，充分了解社情民意，并用说、教、唱、跳等形式向群众宣传大政方针，关注并解决群众最关心最直接最现实的利益问题，通过村干部

---

① 刘国昌：《“舞动乡村”的启示》，载《人民日报海外版》，2011年10月21日第15版。

的参与、融入，缓解了干群矛盾，促进了干群和谐，融洽了邻里关系，改善了民风。2011 年 8 月 26 日晚，李时村村民宋士章跳舞间隙向村党支部书记李刚提出，由于前段时间雨水多，田间积水严重，400 多亩庄稼被淹。李刚当场承诺，两天之内解决好。第二天，李刚便组织人开始清淤、挖沟，水当天就排完了，极大地密切了干群之间的关系。马浅村党支部书记周会连说，前不久，村里铺路需要交一事一议筹资款，缺 4 户没交。他就在跳舞的间隙不点名地说了一下这事儿。结果舞会刚结束，未交的村民就找到他，表示明天就交。村民的诉求得到很好的回应，村里的其他工作就会得到有力支持，这形成了一种良性互动。

根据睢宁县信访局统计，截至 2011 年 10 月份，王集镇实现进京、赴省、去市上访零登记，到县上访与去年同比下降 75%，到镇上访同比下降 40%。

“舞动乡村”活动在有效促进睢宁县和谐稳定的同时，也为睢宁县经济社会的进一步发展营造了良好的社会环境。由于干群关系融洽，干部得以从纷繁复杂的社会矛盾和纠纷中抽出身来，无论是外出招商引资还是在县里为项目搞服务的干部，都能够心无旁骛地以更高的效率做好自己的工作，腾出更多的时间谋发展、促发展。

睢宁县王集镇通过“舞动乡村”这一平台，“舞”出了一条社会管理创新的新路子，取得了显著成效。《人民日报海外版》2011 年 10 月 21 日第 15 版刊登了《“舞动乡村”的启示》，介绍了王集镇的做法，并给予了积极的评价。

案例点评

我国农村人口众多，加强和创新社会管理以及建设公共文化服务体系的难点、重点都在农村。王集镇之所以能够化难为易，搞好基层社会管理创新，关键在于他们能够急群众之所急、想群众之所想，切实为群众排忧解难。对于“舞动乡村”活动，有以下几点思考需要注意：

1. 加强基层社会管理要找准群众的兴奋点，通过活动使村民找到认同感和归属感。

“舞动乡村”活动，并不只是让大家聚在一起跳跳舞、唱唱歌、聊聊天这么简单，这是一种新的社会管理模式。怎样让村民接受镇里、村里干部的管理，如何开展基层工作，“舞动乡村”带来了新的思路：社会管理并不复杂，关键是要找准群众的兴奋点，关键是干部要用心去关注群众的需求，从情感和细节入手与时俱进。“舞动乡村”活动也绝不仅仅只是为了丰富农民的精神文化生活，更重要的是，通过活动打造一个议事和交流的平台，让群众更好地参与村政村务的管理，进而使干群关系融洽，邻里关系和睦，让农村更有生机和人情味。就加强和创新社会管理而言，王集镇的“舞动乡村”模式具有可复制性。

“舞动乡村”活动的成功秘诀，在于镇村干部改变了过去重管理轻服务、被动应对问题的管理理念，干部和群众由管理和被管理关系转变为“舞伴”关系。他们共同参与，并能换位思考，一起投入真情实感。现在，王集镇的大部分村民们对于基层管理有了认同感和归属感，对于村里面的公共事业有了更多的参与热情。社会管理中出现的问题单单靠资金投入“治标不治本”，还要增加情感的投入，提高全民参与度，增加管理透明度。

“舞动乡村”活动为有效地开展农村工作提供了一个载体，现在王集的镇村干部可以非常方便地通过村民活动的间隙来传达上级的政策，商议具体事情，广大村民也可以很方便地参与村级事务管理，效果很明显。这个载体很好地取代了以往组织不起来而且枯燥乏味的村民会议。

2. 政府基层服务要不断创新思路、方法和路径，要跟得上时代发展的步伐。

通过“舞动乡村”活动的开展，王集镇积极推进基层社会管理理念、体制、机制、制度、方法创新，积极探索和完善基层社会管理和社会服务的新途径。他们以解决影响全镇社会和谐稳定的突出问题为突破口，有效应对了潜在的社会风险，真正地实现了依托“舞动乡村”这个小平台，探索创新出农村社会管理的大舞台。“舞动乡村”活动最大限度地激发了农村社会活力，最大限度的增加了农村和谐因素，最大限度地减少了不和谐因素，所以基层社会管理工作才卓有成效。

“舞动乡村”活动的开展让王集镇党委政府对创新社会管理、做好群众工作增加了信心和底气，调动了村民参与村政村务的热情，引发了干群思想的互动和共鸣，同时也体现了政府的主动性，百姓有了需求，政府能够及时回应，并落实到了自身建设上。

3.“舞动乡村”活动的内涵和外延需要不断拓展，才能更好地为农村群众服务，为基层发展服务。

“舞动乡村”是加强农村社会管理的突破口。社会管理的难点在基层，基层管理工作的难点在农村。随着家庭联产承包责任制的实施，有组织的群众性集体活动逐渐减少，甚至多年没有。群众的集体观念日益淡化，个人观念突增，群众与群众之间的联系也越来越少，乡邻之间的关系越来越疏远，群众家里红白喜事找人帮忙都困难。农村基层组织建设也逐渐被削弱，农村群众管理工作越来越难做，村里平时连个会都开不起来。“舞动乡村”活动有效地解决了这些问题，成了新时期镇村干部农村管理工作的好帮手。

就目前而言，“舞动乡村”活动由于发展时间较短，其内容、形式仍然有一定的局限性，比如对活动场地和天气的要求、基层村干部对一些工作的理解和沟通表达能力等等。而且，广大群众更多的是需要健身，农村男性对跳健身操和唱红歌的热情不够高，很多没能主动参与进来。此外，群众的文化品位和需求在不断提升，一旦村民对健身操失去了原有的兴趣，聚集交流的平台将可能越来越有局限性，收到的效果也将会大打折扣。因此，“舞动乡村”活动也不是一成不变、无所不能，它是一个动态的发展过程，需要随着群众精神文化需求的不断增长、变化，其载体和内涵也要随之不断丰富和提升。

后 记

社会管理是对人的管理和服务，有人类社会以来，就有社会管理，所以说，社会管理是个老问题，社会管理又是一个新问题，因为社会和人都在不断地变化，因此，在新的历史时期，我们需要直面当前社会管理中出现的突出问题，进行社会管理的创新。当前，我国进入全面建设小康社会的历史时期，经济发展起来之后，我们面临着许多新的社会问题和社会矛盾，在党中央的部署下，全国各地党委和政府因地制宜，拿出当年抓经济建设的劲头，创新社会管理，化解社会矛盾，实现我国社会又好又快地发展。

本书提供的18个案例是我在“社会管理”的教学和研究过程中不断积累起来的，有些案例是我在多次实地调研基础上撰写的。编著本书旨在把我在一些地市调研了解到的有关“社会管理创新”的经验与大家分享。每一个案例的写法都分为“案例提要、案例缘起、案例做法、案例成效、案例点评”五部分，“案例提要”和“案例点评”是对案例内容进行政策和理论上的提炼，帮助大家理解案例对于我们进行社会管理创新的价值和意义。

在这本案例的编著过程中，我要感谢那些有历史责任感、有创新精神、有执政为民意识的地方领导者们，他们有关社会管理的有益探索为我们当前社会矛盾的化解、和谐社会的建设提供了好的经验；他们的实践探索为我们理论的创新提供了活水源泉。我要感谢卫生部、人力资源和劳动与社会保障部、民政部等部委相关部门为我调研提供的帮助；感谢北京市民政局、北京市社会工作委员会、北京市朝阳区和东城区委区政府、北京市石景山区、广东省社保基金管理局、深圳市民政局和桃源居社区、四川省人力资源和社会保障厅、重庆市人力资源和社会保障局、成都市人力资源和社会保障局、成都市锦江区、四川省广元市禁毒局、上海市浦东区委和区民政局、上海市杨浦区党校、江苏宿迁市、徐州睢宁县、山东临沂市、河北沧州市等地方党委和政府给予的支持。感谢那些对我实地调研给予帮助的人们，他们放弃很多节假日为我的调研服务，深入街道社区和乡村，并提供相关的研究资料。我还要感谢上海市杨浦区委党校杨国强老师提供的上海新江湾社区“双版主、双进入”的案例和四川省委党校陈名财老师提供的成都锦江区基层治理体制创新的案例。在本书最后的编著过程中，中央党校科社部张瑞老师编写了河北沧州农村社会管理创新的案例，中央党校研究生院社会学研究生章敏敏、王成龙、葛燕林、赫若婷帮助整理资料和编写有关章节，在此一并表示感谢！

社会管理是一个复杂的系统工程，也是一个不断推陈出新的过程。鉴于个人的能力有限，本书的案例只是本人所了解到的全国社会管理创新实践中很少的一部分，带有很大的局限性。2010 年底，中央在全国的 35 个城市进行社会管理创新试点。我相信，随着全国各地社会管理创新工作的全面展开，各地社会管理工作会涌现出更多的好经验、好典型和好案例。届时，我们将继续对各地的社会管理实践和创新进行追踪调研和总结，丰富社会管理的教学和研究，推进社会管理理论的创新。

需要说明的是本书的一些案例不一定穷尽当地社会管理创新的所有内容，我永远相信，理论是灰色的，实践之树常青！

向春玲

2011 年 9 月 12 日